経済リーダーが真田の戦略から学んだもの

なぜ今、真田精神か？

財界編集部 編

財界研究所

はじめに

「もう一度日本人の中に、歴史に学ぼうという意識が強くなっているような気がするんです」

2016年のNHK大河ドラマ『真田丸』制作統括・屋敷陽太郎氏はこう語る。『真田丸』が例年以上の高視聴率を獲得している。撮影舞台となった長野県上田市や長野市では、平日だというのにどこも観光客に溢れ、真田の人気ぶりが伺える。

なぜ『真田丸』は人気なのか。もちろん、脚本家の三谷幸喜氏をはじめとする制作チームの頑張りあってこそだが、人気の秘訣はやはり、乱世を生き抜いてきた真田父子の生き方によるところが大きい。

舞台は西暦1500年代の後半。戦乱の世にあって、真田家は武田家滅亡後、織田・徳川・北条・上杉と、有力大名に領国を狙われながらも、時には従い、時には対峙しながら、巧みな戦略で世の中を生き抜いてきた。一族がとにかく生き続けられるように、という真田家の生き方が後世、評価されるようになった所以である。

その時代から400年以上が経った今、経済はグローバル化し、企業の生き残り競争が激化。先進国では経済が軒並み停滞、中国をはじめ新興国経済も減速し、イスラム過激派をはじめとして各国でテロも頻発。まさに一寸先は闇である。

こういう時代にあって、企業が生き抜くには、企業トップの戦略と覚悟がなければならない。

周囲を強敵に囲まれ、東か西かの選択を迫られた時、あなたはどちらにつくのか――。四百数十年前、信州・真田家の当主、真田昌幸が下した決断は、現在の企業経営者にとっても多くの示唆に富んでいる。日本の99％を占めるのは中小企業。企業にとって必要な「継続性」をどう確保していくか。真田の生き方から学ぶことは多い。

2016年5月　「財界」編集部

目次

新潟県
富山県
北陸新幹線
長野市
真田城跡
松代城跡
群馬県
長野自動車道
東御市
上田市
上信越自動車道
松本市
上田城跡
岐阜県
諏訪市
中央自動車道
伊那市
山梨県
飯田市
静岡県
長野県地図

第1章 なぜ今、真田精神か？

『財界』主幹　村田博文

六文銭に込められた真田の生き方

『六文銭《ろくもんせん》』——。真田家の旗印に使われてきたことで知られ、『六連銭《ろくれんせん》』という言い方もされる。

六文銭は、仏教説話に出てくる六道銭《りくどうせん》に由来する。六道銭とは、俗に三途の川の渡し賃とされるが、広辞苑によれば、金属の呪力で悪霊が近づくのを避けようとしたのが起源という。六道とは仏教用語。迷いのある衆生（人々）が生まれ変わり流転を繰り返す地獄道、餓鬼道、畜生道、修羅道、人間道、そして天道の六つの世界を指す。六道銭は、六道の衆生を導く地蔵菩薩にささげる報賽銭《ほうさい》のことである。

西暦1500年代の後半、戦乱の世にあって、武田、徳川、北条、上杉など名だたる武将がひしめく中にあって、知略のかぎりを尽くして生き抜いた真田一族。これら有力大名と真田を勢力関係で見ればその差は歴然としている。その中で真田は必死になって生き抜いていった。現代風にいえば、大企業群の間にはさまれた中小企業が知恵を駆使して何とか生き抜くという構図。いろいろなリスクがあり、下手をすれば倒産しかねないような事態が待ち構えている。その中を、覚悟をもってわが身に振りかかる事態に立ち向かっていくという図に似ている。

六文銭は、三途の川の渡し賃ということだが、真田が戦場へのぞむ際に掲げる旗印にこの六文銭を使ったということは、一戦一戦に文字通り、死ぬ覚悟で臨む。その気迫を込めていたということである。

２０１６年（平成28年）のＮＨＫ大河ドラマ『真田丸』は、真田幸綱、昌幸、信之・信繁の真田三代の中で、父・昌幸と信之・信繁兄弟を中心に取り上げて人気を呼ぶ。昌幸の次男・信繁はその死後、『真田幸村』の名で戦記物に取り上げられ、登場してくる。天下分け目の関ヶ原合戦の後、14年後に『大坂冬の陣』（１６１４年11月）が起こる。そのとき信繁は、豊臣方に馳せ参じ、さんざん敵方の徳川陣営を悩ませる。しばらくして和議が成立し停戦となる。

しかし、翌年、『大坂夏の陣』が起きる。真田信繁は徳川家康の本陣近くまで攻め込み、家康も一時は自害を覚悟するほどにまで追い込まれるが、信繁は武運つたなく討ち死にする。兄の信之は徳川方に付き、江戸期は10万石の大名として、信州・松代（現長野市）を拠点に家を継続させた。信之が真田家の基礎を作ったとされるゆえんである。

明日、我が身はどうなるか分からないというのが戦国の世のならい。真田家は父・昌幸と次男・信繁が豊臣方に付き、長男・信之が徳川に付いて、生き方は二つに分かれた。しかし、これはどちらかが倒れても、一方が残るという選択肢であった。先行き不透明な状況にあって、一族がとにかく生き続けられるようにする知略として、真田家の生き方は後世、評価されることになった。

信州・松本出身の東京急行電鉄相談役・上條清文氏は、真田家の生き方にずっと関心を持ってきた経済人。一族が戦乱の中を生き抜いてきた理由について、次のように語る。

「真田家は当初、武田家（甲斐）に付くわけですが、武田家が滅亡した後、織田、徳川、上杉、北条などの列強に囲まれるなかで生き抜いてきたことは非常に参考になります」

上條氏は、企業存続の観点からも、真田家は学ぶ点が多いと言う。

甲斐の武田信玄、越後の上杉謙信が都合五度も戦火を交じえた川中島の合戦。信州は松本、伊奈、佐久、善光寺と盆地（谷）がいくつも分かれ、平野部が少ない。同じ信州といっても、盆地だと、勢力図が小さく分かれてまとまりにくく、そうした地勢学上、隣国の武将からは常に侵攻の対象となってきた。「信州は、武田、上杉、徳川という列強に囲まれ、その中をどう生き抜くかという緊張感で生きてきたのだと思います」

東急電鉄・上條氏は信州が置かれた地理的条件をこう語り、「その中で簡単に軍門に下るということではなく、いい意味で意地を張る、いい意味の自尊心をもって生きる、何事にも負けないぞという気持ち。それは冬は寒く、夏は暑い。そして四季が豊かという環境。そういう環境の中で信州独自の精神風土を生んでいったのだと思います」と真田精神が形成されていった土壌、背景を説明する。

リスクはいつの世も存在する。リスクのない人生もまたない。そういう現実の中で、そのリスクをどう認識し、どう読み解いていくのか。

『敵を知り、己を知れば百戦あやうからず』というのは孫氏の兵法に出てくる言葉。自らの立ち位置をしっかり認識し、周囲の状況を把握しておかねばならないのがリーダーの使命であり、役割ということである。自分の強さ、得意技とは何か。逆に、自分の弱点は何かをしっかり把握しておき、強さや得意技の磨きをかけ、また弱点を補うため他者の力をも借りなければならない場面も出てくるし、その意味で提携戦略も大事なものになってくる。

その意味で、リーダーの使命と責任は重いし、厳しい環境を生き抜くためにもリーダーの資質が問われることになる。

川中島の合戦に参戦した信繁の祖父・幸綱

なぜ、今、真田精神か――。

真田一族は戦国の世をしっかりと生き抜き、江戸期も真田十万石として連綿として家を存続させてきたわけだが、その基礎は『真田三代』でつくられた。幸綱（幸隆）、昌幸、そして信之・信繁の三代である。真田のルーツをひもときながら、基礎の基礎をつくった幸綱の生き様をたどるところからスタートしてみよう。

JR長野駅から南南西へ約10キロ、千曲《ちくま》川と犀《さい》川が合流するあたりに川中島がある。越後の上杉謙信と甲斐の武田信玄という両雄が五度にわたって戦をくり広げた所として有名。昔は、両川にはさまれた河原。砂地なので今でも長芋を作るのに適している。今は道路が整備され、事業所や民家が建ち、農地も広がる。その農地ではリンゴやモモの栽培が盛んである。その一角に古戦場がある。

八幡原史跡公園（川中島古戦場）

両軍は11年の間に五次にわたって戦を繰り広げた。中でも、最も激しかったのが第四次の合戦（永禄4年＝1561年）。武田軍約2万、上杉軍約1万3千人が対峙し、激突するが、決着はつかなかった。やがて上杉軍が拠点の越後へ引き揚げていき、北信濃をそのまま治めたのは武田方である。謙信と信玄の間では、お互い相手を認め合う気持ちが醸成されていったとも伝えられている。

第四次の川中島の合戦で死者は双方で約6千人出たといわれるが、北信濃に残った武田方は上杉方の死者も手厚く葬った。このことに謙信はいたく感謝し、その気持ちが後に、武田方に塩を送り届ける出来事につながっていったと伝えられる。

海なし県で山国の甲斐にとって、塩の確保は大事な仕事。本来、敵である武田軍に塩を送る謙信の行いは、後に「敵に塩を送る」という言葉になっていった。好敵手が互いに尊敬し合うようになり、堂々と戦うためにも、相手が困っているときは助ける精神のことを指す言葉。文字通り、互いに生死をかけて戦った者同士の粋な交流と言えようか。

山本勘助は、武田信玄の名軍師として知られる知将。北信濃の防御の拠点となる海津城は千曲川を外掘にした天然の要塞。この海津城を築いたのが山本勘助である。この海津城はのち、江戸期に真田家の本拠・松代城になる因縁の城。それはともかく、勘助は川中島の合戦で戦死。地元の人たちも勘助の死を悼んでか、ていねいに弔った。勘助の墓は今でも残されており、お参りする人が絶えない。

また、同じ戦で信玄の弟・信繁が戦死、近くに本人の号から取って典厩《てんきゅう》寺と名付けられた寺に祀られている。後の世に、川中島の合戦は戦記物で語り継がれていき、劇や映画にもなって幾度となく登場する。ドラマとなる要素が両軍の動きの中にいくつもあったということである。

武田信玄は文武両道の人で、若いころから詩歌、文芸にもすぐれ、孫子の兵法もよく学んだ武将。例の『疾《はや》きこと風の如く 徐《しずか》なること林のごとく 侵掠すること火のごとく 動かざること山のごとし』の「風林火山」の訓えにも、信玄の思想がよく現れている。

また信玄の戦陣訓に、『九分の勝ちをもって下とする 七分の勝ちをもって中とする 五分の勝ちをもって上とする』という言葉がある。

戦にのぞむ際は凛として、何事にもひるまず進んでいくことが肝要だが、要は戦った後の立ち居振る舞いが大事ということ。戦果が九分の勝利は傲りが生まれがちなので『下』とする。七分の勝利も慢心、気のゆるみが出て、『中』とする。相手と五分と五分の戦いならば、緊張感をずっと持ち続けるので、これこそ『上』の成果だと信玄は考え、部下にも諭してきた。戦上手とされ、名将として歴史に名を残す武田信玄だが、このように傲りや慢心が生まれることをおそれ、常に自戒していくことを自ら日々実践してきたということである。

五分の勝利が最も好ましい——。この考え方も好敵手、上杉謙信がいたからこそ生まれた考えかもしれない。「人は城、人は石垣、人は堀」として「人」を基本に領国経営を担った武田らしい考え方である。そう思って、川中島の古戦場に立ち、両雄が相まみえた歴史的事実に思いをはせたとき、いろいろな感慨が起こってくる。馬上から一太刀浴びせようとする謙信。そして、床几に腰を落としながら、これを軍扇で受け止め、堂々と応じる信玄。両雄の像を見ていると、450年余前の二人の思いがひしひしと伝わってくるようである。

実は、この川中島の戦いに、真田昌幸の父、従って信繁の祖父になる幸綱(幸隆)も参戦している。第四次川中島合戦で、上杉本陣への夜襲をかけるなどの働きをしている。武田信玄の信任も厚く、武田家にとっては外様衆ながら、信玄の娘婿・穴山梅雪、高坂昌信らと共に『二十四将』の一人となり、武田の版図拡大に貢献。ちなみに、幸綱の長男・信綱、次男・昌輝(両人とも長篠の戦いで戦死)も二十四将のメンバーに数えられるなど、武田家にとって真田一族の評価が高かったことがこれによってもうかがえる。

真田一族は、元々、清和源氏の流れを組み、平安・鎌倉時代から続く信濃国の名家で、滋野《しげの》一門の惣領家・海野《うんの》氏の一統とされる。

滋野一門の中で海野、望月、禰津《ねづ》の三家は信濃を本拠に東隣りの上野《こうずけ》(今の群馬県）にまで勢力を張り出していた。しかし、戦国時代になって滋野一門の勢力は衰退。そういうときに、南東部に位置する甲斐（今の山梨県）の国の統一を果たした武田信虎（信玄の父）が信濃に侵攻する。まず武田は、滋野一門が支配する佐久・小県郡《ちいさがた》に攻め入った。信虎は、同じ信濃で勢力を張る諏訪頼重、村上義清と同盟して侵攻してきたのである。滋野側は必死に戦うが、海野平《うんのだいら》合戦で敗北。リーダー格の海野棟綱らは、時の関東管領《かんれい》である上杉憲政を頼って上野に亡命。真田幸綱も上野の箕輪城主・長野業正《なりまさ》のもとへ身を寄せた。

幸綱は浪々の身となり、約5年間、悶々とした日々を送ったとされる。この間、甲斐国では武田信玄が父・信虎を駿河の国（今の静岡県）に追放して実権を握るなど代替わりが進んでいた。幸綱はここで一大決断をする。何と真田の地を奪った仇敵であるはずの武田氏に仕えることを決めたのである。この幸綱を信玄に推挙したのは、あの軍師・山本勘助だったといわれる。

武田の北信濃平定、対上杉の防御の拠点として海津城（後の松代城）を築いたのは山本勘助自ら城代として北信濃の統治を担いながら、幸綱をスカウトしたとすれば、その後の武田領土拡大に幸綱は大いなる貢献をしており、勘助の人物鑑識眼は相当なものだったと言えよう。事実、真田幸綱は武田の信濃先方衆として、その後獅子奮迅の活躍をする。北信濃の有力武将、村上義清の砥石城《といし》は信玄もなかなか落とせなかった城だが、幸綱はここを攻略して落とした。近辺の村上方の勢力を調略し、隣の上野でも血縁や知り合いを生かして調略し、その結果、武田の支配は上野にまで及んだのである。

幸綱に対する信玄の信任は厚かった。甲府の信玄の館の南側に穴山梅雪、高坂昌信という譜代の重臣と並んで外様衆・幸綱の屋敷跡がある。信玄の館《やかた》跡は今も掘に囲まれているが、館跡にはその後、武田神社が建立され、信玄を祭神として祀っている。幸綱が甲府に住み信玄の側で重職を担っていたことが今、屋敷跡に建つ記念碑を見てもうかがえる。

NHK大河ドラマ『真田丸』は、武田家滅亡のときから物語がスタートする。しかし、真田三代の初代・幸綱は武田信玄に仕え、川中島で武功をあげたほか、北信濃の西上野の統治で手柄を立てた。幸綱の三男・昌幸は7歳のときに甲府に人質として出仕、信玄の近習として働く。武田軍が京を目指して織田・徳川連合軍と対峙し、そして勝利をあげた三方ヶ原（現静岡県）の戦い（元亀3年＝1572年）にも参戦して

『真田丸』で主人公・真田信繁を演じる堺雅人さん（写真はNHKの提供）

いる。

そして、ドラマの主人公・信繁も甲府で生まれる。信玄が三方ヶ原で大勝利をあげた翌年の天正元年（1573年）に死去したときの信繁は6歳。

このように真田三代の歩いてきた道をたどると、武田信玄の戦法、軍略、そして治山治水などの領国経営の考え方にも直に触れて、そのエッセンスを学び取ってきたように見える。そして、戦国の世を生き抜く力がなければ、すぐさま滅ぼされてしまうような厳しい現実をも学び取っていく。

信玄の死後9年経った天正10年（1582年）、織田軍の武田領への侵攻を受けて武田勝頼が自害する。それからが、真田一族の真骨頂発揮である。

秀吉も認めた真田の「生き抜く」覚悟

「油断のならない男、表裏比興《ひょうりひきょう》の者」――。

豊臣秀吉が真田昌幸を評して言った言葉である。武田家滅亡後、仕える主君を織田にし、織田信長が「本能寺の変」で倒れると、上杉に仕え、そして北条、次に徳川と替え、また再び上杉傘下に入るという変わり身の早さ。周りを有力大名に取り囲まれていることの気苦労は大変だが、逆に自らが置かれたポジションが間衛地帯であることを利用して、各大名に揺さぶりをかける強かさを昌幸は遺憾なく発揮。とにかく戦国の世は変化が激しい。受け身一方では時代の波に翻弄されるだけで、アッという間に呑み込まれてしまう。

主君・武田家が滅びたのが天正10年（1582年）3月。その3か月後の同年6月、本能寺の変で織田信長が明智光秀に討たれる。信長を新しい主君に決めたとたんに主君が討たれるのだから、すぐ次の手を打たねばならず、昌幸は臣従先を上杉、そして北条と替えていく。

武田家滅亡後、信濃は上杉、北条、徳川など有力大名の領地争奪戦の場と化す。力ずくでの領地の奪い合い。この時期の争いを『天正壬午《じんご》の乱』と呼ぶ。この乱の中を真田はしたたかに生き抜く。北条は小田原を拠点に、関東全域に支配の手を広げようと、当時、真田が上田領と共に所領していた沼田領（上州）を虎視眈々と狙う。その動きを知って、真田は今度は徳川に臣従。ところが、徳川は北条と和睦し、和睦の条件として、真田家の沼田領を北条に引き渡すことを決めた。昌幸はこれに承服できず、徳川―真田の関係は微妙なものになる。

そうこうするうち、越後の上杉が北信濃にもせり出してくるようになり、真田は拠点を固めようと堅固な上田城築城計画を打ち出す。しかも、その城普請のため、上杉と信濃攻略で対峙していた徳川に支援を要請。

「真田のために城の普請代をわしに出させるというのか？」とただす家康に、「これは真田のためだけの築城ではありません。上杉の侵攻を防ぐことになり、徳川様のためにもなる築城です」と答えたのかは定かではないが、諸将の置かれた状況をしっかりと見きわめ、手を打つ。ここら辺のしたたかさは、実に昌幸らしい外交交渉術である。結局、徳川は助力を決め、上田城は完成する。

家康のほうも陣堅めで急を要すとき。天正12年（1584年）には信長亡き後の覇を競う秀吉との間で、小牧・長久手の戦いを起こす。秀吉のほうも天下を完全に治めるまでにはまだ時間を要する微妙なとき。この間も沼田領問題はくすぶり、翌天正13年（1585年）真田昌幸は徳川家康と決裂し、再び上杉に臣従。そこで昌幸の次男・信繁は人質として上杉に差し出されることになる。

この信繁は上杉景勝の信任を得て可愛がられる。上杉景勝と徳川家康は天正14年（1586年）、ついに秀吉に臣従することを決め、秀吉の天下取りがほぼ固まるのはこの頃。真田昌幸も上杉を通して秀吉との接触を図り、翌天正15年（1587年）、昌幸が上洛し、秀吉に臣従。このあたりから信繁は秀吉の下で人質として入り、秀吉に仕えることになる。こう見ると、いとも簡単に主君を替えてきているように見えるが、要所、要所で命を賭した真田の行動である。沼田領の扱いをめぐって家康とは対立し、上杉に再び臣従しようと昌幸の命を受けて信繁は上杉景勝と会う。

一度裏切られ、煮え湯を呑まされた上杉側は当然立腹しており、上杉の家老、直江兼続などは信繁を斬り殺そうとしたとも伝えられる。それを抑えたのが上杉景勝。「命を賭してまで会いに来てくれた」と真田側の勇気を評価。よく話し合って、上杉

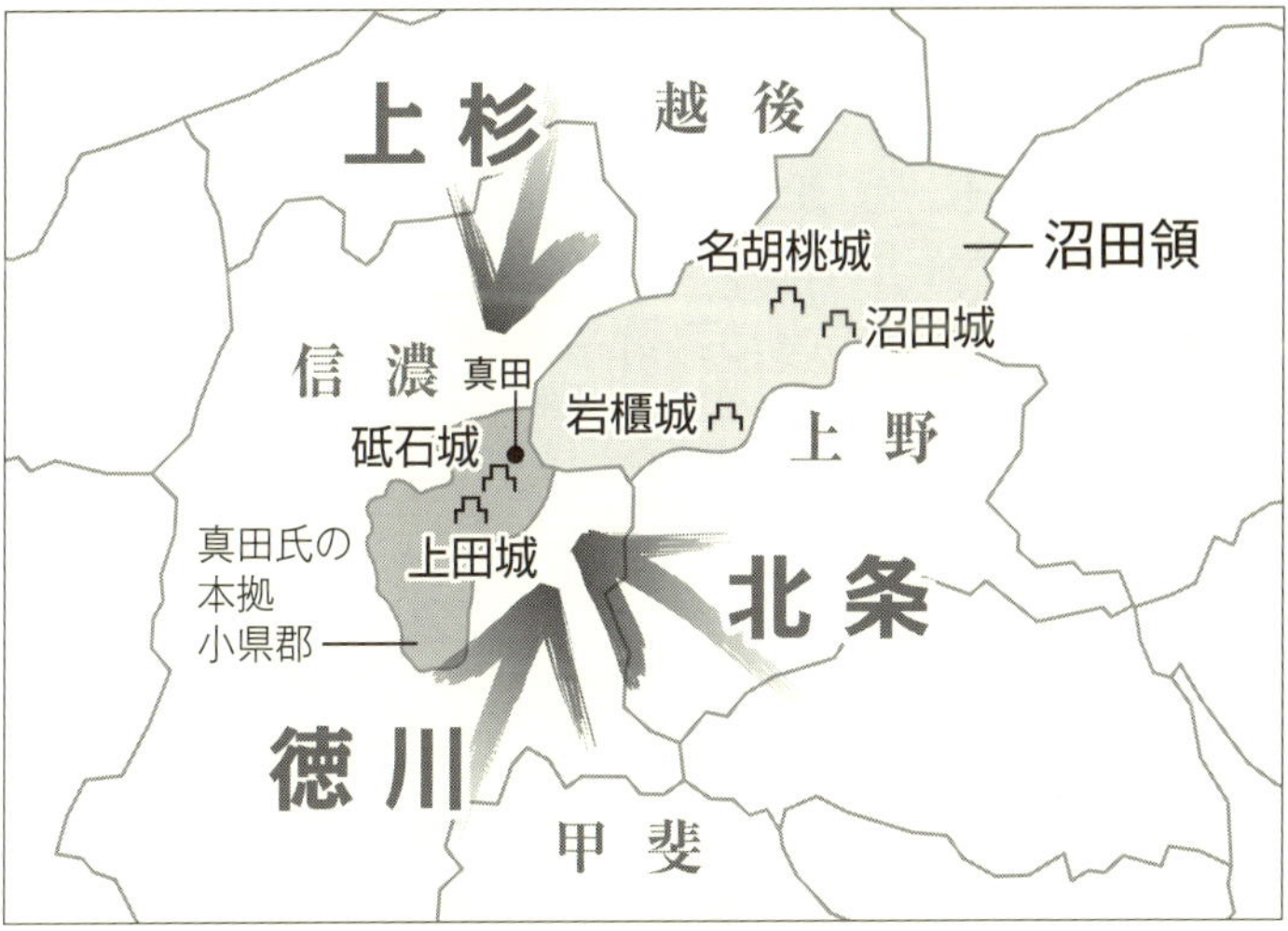

1500年代後半の真田家周辺の勢力図

景勝、直江兼続共に信繁の器量、人柄を認め、信繁は直江の屋敷に引き取られ、直江も信繁を信頼するようになったという。

窮地にとび込んでこそ、活路が開ける――。六文銭を旗印にした真田家の真骨頂はこのときにも発揮されたということである。

三途の川の渡し賃が六文銭。その六文銭を旗印にしている身として、一つのコトを為すのに、死ぬ覚悟で臨む。その本気度を相手もはかり、新しい展開が広がっていくということである。

有為転変の世の中で、真田三代が身につけたもの

『築城三年、落城一日』――という言葉がある。一つの城を築きあげるには三年もかかるが、それが落ちるときは一日もかからない。組織が崩壊するときは、それこそアッという間ではかないもの。だからこそ、身を引き締めて事にかかわらなければならないということである。

戦国の世で、騎馬団を中心に最強軍団といわれた武田家。三方ヶ原の戦いで、武田軍は織田・徳川連合軍を粉砕するが（元亀3年＝1572年）、翌年、信玄が上洛を前に53歳で死去すると、一挙に家運が傾く。信玄の後を受けついだ四男・勝頼だが、信玄の死後から2年後の長篠の戦いで、今度は織田・徳川連合軍に完敗。織田・徳川軍の鉄砲隊に圧倒され、武田伝統の騎馬軍団もその力を封じ込まれた。

織田家は兵農分離を進め、鉄砲という最新兵器の充実を図っており、その軍事戦略に武田は圧倒されたといわれる。それまで、兵は農民から徴集し、戦も刈り入れなど農繁期を外して行うというのがならわしであった。それを、何事にも最新のものを取り入れるのに熱心であった織田信長は兵を独自の軍団として養う方向へ組織作りを切

り替えてきており、それが長篠の合戦で奏功したということである。

一方、武田軍は旧来の秩序・組織、旧来の戦法で戦に臨み、粉砕された。完勝した三方ヶ原の戦いからわずか三年後のことである。自分たちは、最強軍団である――という傲りが武田勝頼になかったのか。もし、軍団内にそういう傲りがあったとすれば、父信玄が、『五分の勝利こそ上である』と戒めてきた訓《おし》えが生かされなかったということになる。

まさに有為転変の世の中である。コツコツと努力し、積み上げてきたものが、一瞬にしてガラッと崩れていく。こういう姿を真田三代は見つめてきた。

初代・幸綱は信玄が死去した翌年（天正２年＝１５７４年）に亡くなっている。幸綱が家督を譲ったのは長男・信綱。その信綱と次男・昌輝は、父が亡くなった翌年の長篠の戦いに参戦。この戦いでは譜代家老の山県昌景、馬場信春、内藤昌豊など武田の名だたる勇将が次々と戦死。真田信綱、昌輝兄弟も命を失った。

真田家の三男・昌幸は、このとき武藤喜兵衛昌幸と名乗っていた。武藤家は甲斐国の名門。信玄の生母、大井夫人の大井氏につながる名家である。信玄は昌幸をことのほか可愛がっており、武藤家を昌幸に継がせていたのである。しかし、長篠の戦いで長兄・信綱、次兄・昌輝が共に戦死し、三男の自分が真田家の家督を引き継ぐことになった。ちなみに、昌幸は武藤喜兵衛時代に三方ヶ原の合戦に参戦し、徳川家康を苦しめる場面があったと伝えられる。

この戦では、家康は九死に一生を得て、必死になって拠城の浜松城へ逃げ込んだ。このときの恐ろしさ、悔しさを一生涯忘れまいぞと、この時の姿を絵師にかかせて、反省の糧としたとも伝えられる。後に、第一次、第二次の上田合戦で徳川方は真田方に苦しい目に遭わされ、徳川―真田の因縁の構図になっていくのだが、因縁の始まりは三方ヶ原にすでにあったと言っていい。

それはともかく、急きょ、真田の当主に引っ張り出された昌幸だが、有為転変の世の中に身を置かれ、相当な覚悟をもって生き抜くことを決意したはずである。このたった二、三年の間に、主君・信玄と父・幸綱が死に、長兄、次兄は戦死、信玄の跡を継いだ武田勝頼の足元はおぼつかなくなっているときの真田家の家督引き継ぎである。

武田家二十代当主、勝頼は凡将ではなかったようだが、父信玄のようなカリスマ性のある武将ではなかった。

長篠の合戦から7年後、織田の甲斐侵攻を受けると、次々と家臣の謀反に遭う。武田家と縁続きの木曽義昌、そして穴山梅雪という有力武将までが離反。組織は内部崩壊が一気に進む。勝頼が拠城・新府城（山梨・韮崎）を捨て、逃げ落ちるとき、東の岩殿城（山梨・大月）目指していくわけだが、笹子峠に差しかかったとき、岩殿城の城主で家臣の小山田信茂が謀反。すでに小山田は織田と通じており、勝頼はここで万事休すとなり、近くの天目山で自害した。

武田三代は武田信虎、信玄、勝頼を指す。信虎は甲斐国を統一し、信玄は父・信虎を南の駿河に追放するという荒療治のあと、実権を握り、信濃へ侵攻し、今川家の駿河を平定したりして版図を広げた。武田家のピークが信玄の統治した時代である。

信玄は武名を高めただけでなく、諸法度（法律）の制定や治山治水、産業振興にも力を尽くし領国経営でも名をあげた。釜無川の堤防づくりは、信玄堤という名で今に伝わり、経済インフラ整備のため度量衡を整備。これは〝信玄マス（桝）〟という呼び方がつけられた。八ヶ岳の麓から甲府盆地に入る水の流れを公平に民に分けるため、三方に平等に水が流れる工夫を施したりしたのも信玄。諸法度の制度では、信玄自らこれに反した場合、信玄も処罰を受ける旨を記したり、当時の武将にしては公平さを掲げ、自らを律する武将ということで求心力が高まっていた。

こうした信玄に、真田昌幸は7歳で人質として出仕。信玄は昌幸の才を見抜き、奥近習として抜粋した。これは外様衆としては、異例の出世といわれる。

織田、徳川を畏怖させた武田家が、信玄亡き後、勝頼の代で家運は傾く。大体、三代で家は傾きがちといわれるが、武田家の場合もそうなのだ。勝頼は、信濃・諏訪の領主、諏訪頼重の娘と信玄の間に産まれた子。父・信玄は諏訪頼重を亡ぼし、自刃に追い込んだ。勝頼の母方の祖父は父に亡ぼされたということで家の事情は複雑。そうであるが故に、作家・井上靖が『風林火山』を書き、新田次郎が『武田信玄』を書き、武田家と諏訪家の複雑な関係は小説にまでなった。

おそらく、信玄亡き後、武田家が求心力を失っていったのはこうした血筋も関係があったのではないか。穴山梅雪や木曽義昌は武田家そのものとの縁が深く、武田家が亡ぼした諏訪家よりは「自分たちの方が血縁は深い」という思いがあったのではないか。勝頼の末期、次々とこうした重臣が離れていくのを見ても、縁戚をめぐる微妙な思惑、人心の移ろいやすさを考えさせられる。こうした人の動きを見せつけられた真田家は、武田三代の盛衰を頭に刻みながら、一つひとつの事案に対処していったのだと思う。

幸綱─昌幸─信之・信繁のいわゆる真田三代が真田の基礎を踏み固め、関ヶ原の合戦（1600年）では昌幸と次男・信繁が豊臣方に付き、長男・信之は徳川方に付いた。結果、信之は江戸の世になって、真田藩の初代藩主となり、10代・幸民で明治維新を迎えるまで藩政が続いた。

つなぐ――。武田は三代で滅び、真田は戦国の乱の時代を生き抜き、江戸期も十万石大名として、家をつないできた。リスクはいつの世も存在する。一つの事を起こすのに、失敗するリスクはつきまとうし、失敗すれば組織に所属する人々を路頭に迷わせることになる。しかし、リスクを拾っていく覚悟がなければ、何事も成就しない。リスクをどう踏み、リスクを軽減させながら、どう行動していくか、という点で、真田一族の生き方に関心が集まる。

武名だけでなく家名も残した真田

真田は武名だけでなく家名を残した――。という評価がある。武勇のほまれ高い信繁が武名を残し、長兄の信之が後の世まで家名をつなぐ礎を築いたということである。

『真田太平記』(池波正太郎著)のように小説や戦記物などで真田一族の奮迅、生き様が描かれ、劇などでも取り扱われてきた。真田の智勇、戦上手の代表格として取り上げられるのが真田信繁。小説や劇中では、「真田幸村」の名前で登場する。

関ヶ原では父・昌幸と共に豊臣方に付く。もっとも、関ヶ原の戦場ではなく、拠点の上田城で、徳川家康の次男でのちに二代将軍となる徳川秀忠軍を迎え討った。家康の命で秀忠軍は会津攻めに出るが、関ヶ原で東西両軍が対峙することになり、会津攻めの途上で引き返し、中山道を使って関ヶ原を目指した。

上田は中山道からは少し外れた所にある。秀忠軍は中山道を西下しながら、西軍に付いた真田親子のいる上田城を一気に攻め落とそうとする。秀忠軍の数は3万8千人。これに対し、真田側は2500人。数では圧倒されているが、城門近くなどで敵をおびき寄せてはワッと攻勢をかけて蹴散らすなど地の利を得た巧みな戦法で勝利。足止めを喰った形の秀忠軍は、関ヶ原の合戦に間に合わなかった。戦いは勝利に終わったが、将軍家の軍不在ということでは味方陣営に示しがつかない。家康は秀忠を厳しく叱責したが、「またも真田にしてやられた」という思い。というのも、これより15年前の天正13年(1585年)、第一次上田合戦でも、徳川軍は真田軍に手痛い目に遭っていたからである。

上田城は真田の戦国時代の拠点。ここを拠点に東隣り上野《こうずけ》（現群馬県）の沼田も所領にするわけだが、沼田は北条氏との間で攻防が続く。

第一次上田合戦時、真田は徳川に臣属する形になったが、徳川と北条のせめぎ合いの中で、双方が和睦し、国分け協定を結ぶ。信濃・甲斐は徳川の支配区域、上野を含む関東は北条という区分けである。徳川はこれにより、真田に対し、「沼田を北条に返すように」と命じるが、真田側にすれば自分たちの戦功で手にした土地ということで簡単にはい、そうですかという訳にはいかない。というのは前述の通り。そこで、業を煮やした徳川方は上田へ攻め入ったという次第。大名徳川からすれば、信濃の国衆にすぎない真田を力ずくで抑えこもうという肚である。

ところが、真田もしぶとい。千曲川を堀に見立てて堅固につくられた上田城。城の東、３、４キロ先に神川《かん》が流れ、徳川軍はここを渡って攻めてくる。真田氏の活躍を描いた『上田軍配』など軍記物には、「神川を堰止めて」と敵の来襲時にタイミングよく水を流して敵を翻弄したということになっている。現実にそういう戦法が取られたかどうかは今一つ不明だが、上田城の構造を巧みに活用して徳川軍を翻弄したことは事実。

真田軍は、二の丸の入り口の櫓《やぐら》内で大規模な合戦を仕掛けた。千鳥掛けの柵をつくり、徳川軍を二の丸付近までおびき寄せる。侵入しやすくし、敵がくるときはどんどん入れて、真田軍が反撃に出る。退却する際は大変な迷路になっていて、徳川軍も退却のときは慌てだし、大変な混乱だったといわれる。

徳川軍は7千人、真田軍2千人。家康はこの戦に直接加わらず、部将に指揮させていたが、それだけ簡単に相手をひねってやる程にしか思っていなかったのではないか。昌幸はもちろん自らが指揮し、二の丸に本隊を投入して徳川軍と渡り合った。これは武田信玄ゆずりの戦法だったとも伝わる。結果的に徳川軍は撃退されてしまった。第一次上田合戦といい、第二次上田合戦といい、徳川は相手を上回る軍勢で戦に臨みながら、二度も真田に煮え湯を呑まされた。真田はまさに、「油断のならない相手」となったのである。

こうして戦上手の評価を高め、真田の武名がとどろくようになった。

そして、もう一つの評価、家名を残したという功績である。天下分け目の戦いでは昌幸と次男・信繁が石田三成率いる西軍に付いた。長男・信之は東軍（徳川方）にくみした。合戦場の関ヶ原（現在の岐阜県）に昌幸、信繁はおらず、上田城で徳川秀忠軍と合戦したが、３万８千もの大軍を上田に引き留め、徳川軍の戦力をそいだことは、関ヶ原の戦いで指揮をとる徳川家康にとっては大変な痛恨事。

関ヶ原の役の後、家康は昌幸、信繁父子に責任を取らせる、つまり処断しようと考えていた。しかし、信之は義父の本多忠勝と共に二人の助命嘆願に走る。信之の妻・小松殿は本多忠勝の娘。本多忠勝といえば、徳川譜代の家臣で酒井忠次、榊原康成、井伊直政と共に徳川四天王と呼ばれた部将。本多忠勝は、昌幸、信繁の生き様、戦い方を「敵ながらあっぱれ」と評価していたといい、娘婿の信之と共に、命懸けで家康のところに赴き、直談判で二人の助命を嘆願した。

「お聞き入れならないのであれば……」と本多忠勝は自らが仕える殿（家康）との一戦も辞さない覚悟まで示したという。家康にしても、頼りにしている本田忠勝にこうまでされてはと折れて、昌幸、信繁親子を高野山への流罪という処置にした。

信之の名はもともと父・昌幸の「幸」を貰って「信幸」となっていたわけだが、身の証として、この頃すでに改名し、「信之」と名乗った。徳川の世になることがはっきりとしてから、「幸」の名を使いづらくなってきていたからである。また、家康も信之の人柄、力量を評価もしていたと伝わっている。信之は、のちに二代将軍・秀忠のとき、元和8年（1622年）、上田から松代に移封される。沼田領は信之の長男・信吉に継がせた。

上田10万石足らずから、松代13万石へと加増移封。上田の地は水田だが、松代は畑地が中心ということで、農地としての生産性は松代の方が低いといわれてきた。第二次上田合戦で煮え湯を呑まされた秀忠が意趣返しで松代で移封させたとも伝わる。上田から松代までは北へ約40キロの道のり。この松代移封のときは、上田の領民たちも信之の行列を惜しむように多勢で見送ったという。領国経営に意を尽くした信之らしい話である。

現代の14代当主はどう考えるか

真田家は松代藩初代藩主・信之から江戸末期、明治維新を迎えるまで10代の藩主が続く。そして、現在の14代当主、幸俊氏まで家は連綿と続く。

真田幸俊氏は1969年（昭和44年）生まれ。現在、慶應義塾大学理工学部教授を務める（専門は電気通信技術）。その幸俊氏を横浜市日吉にある慶大理工学部のキャンパスに訪ね、真田が戦国の世から江戸期を生き抜き、今日までつながることができた要因は何だったのかを聞いた。

幸俊氏は工学博士号を持つ研究者であり教育者。研究室で落ち着いた口調で、ときにユーモアを交えながら話をしてくれた。

「真田は武名を残したという意味では有名になりましたので、ここはちょっと難しいところで、それだから真田家は江戸時代（の約２７０年間も）うまくいったんだという考え方もあるのですが、江戸期も続いたというのは（初代藩主の）信之の力によるところがかなり大きいと思います。信之もかなりしたたかはしたたかで、父・昌幸のような動きはしませんでしたが、慎重に時代の流れを読んでいた。これからは家康の時代だと踏んでいたのでしょうし、その一方で石田三成からの手紙をずっと残していました」

天下分け目の戦のとき、西軍のリーダーであった石田三成から真田家宛に届いた書状を残しており、それが代々、真田家当主に引き継がれているのだという。

代々、当主が替わるたびに、「絶対開けてはならぬ」という申し添えと共に木箱が渡されてきたという。その木箱の中に、石田三成からの書状が入っていた。「西軍に

真田家の菩提寺として創建された長國寺（長野市松代町）

味方してほしい」という中身の書状であり、江戸初期にそれがもし徳川幕府に見つかったら、お家取り潰しに遭うのは必定。それをなぜ、当主から次の当主へと引き継いできたのか？

この木箱が開けられたのは、明治の世になってからだという。幸俊氏の曽祖父（11代当主）幸正氏の時代である。おそるおそる開けてみると、何と出てきたのが、三百数十年前に書かれた石田三成の書状であった。しかも、「豊臣の味方になってほしい」という中身である。藩祖・信之は徳川（東軍）の陣営につき、父・昌幸や信繁とは襟を分かった。それなのに、こんな書状を焼きもせず、持ち続けてきた歴代の当主の生き様である。

「そんなものだったとは、とみんな思ったと思うんです」と幸俊氏が笑みを浮かべながら話を続ける。

「多分、当時の感覚からすると、関ヶ原が終わって大坂の陣あたりまで、徳川幕府がどうなるか分からない。今の感覚でいうと、磐石な徳川幕府だと思われるんですが、当時はどうなるか分からない。これもある種のリスクヘッジで、もしかしたら（豊臣も）生き返るんじゃないかと考えたのではないでしょうか。当時の生き方は、とにかく家が大事、藩は単位ですから、そこは大事。もちろん生き残るためには幕府についていかなければならない。だからといって、気をゆるめてはいけないと。そういう状況だったと思います」

初代藩主・信之は「信之」と改名までして、幕府の機嫌を損ねないように振る舞った、慎重な性格の人。徳川の世は改易、つまりお家取り潰しも少なくなく、耐え忍ぶことも肝要な時代。現に、真田家は上田から北の松代へ移封となり、いろいろな普請を幕府から申し付けられ、真田藩の財政も苦しかった。徳川治政約２７０年間は大きな戦いもなく、平和な世とされるが、諸大名からすれば相当に気を使わねば生き残れない面もあった。

信之は93歳まで生きた。現14代当主、幸俊氏は信之について「執念の人」という印象を語る。信之がもし早死にしていたら、真田家のその後はまた違った展開になる可能性もあった。それは戦乱の世に身を置く者として、十分その可能性はあった。結果的に信之は93歳の長寿を全うしたが、このことを、幸俊氏は、「信之の執念を感じる」と言う。

実は、信之には長生きしてまでも守らなければならないものがあった。それは、家を存続させるということ。天下分け目のとき、父・昌幸、弟・信繁と襟を分かった信之だが、ずっと二人のことを気に掛けてきた。二人は高野山に流罪となり、高野山に一時身を置かれた後、山麓の九度山《くどやま》に落ち着いた。昌幸は慶長16年（1611年）、65歳で病没するが、この間、上田にある信之とは書簡のやり取りもあり、信之は金品を送ったりして密かに支援していたようだ。

信繁は九度山で父と共に過ごし、父の死後も3年間、都合14年間の九度山生活であった。その信繁に大坂城から手紙が届く。慶長19年（1614年）九度山を脱出した信繁は大坂城に入り、大坂冬の陣では、城の南口、一番敵方から狙われやすい所に出城『真田丸』を築く。ここに敵方をおびき寄せ、鉄砲、矢を仕掛ける。徳川方にとっては相当に手痛い打撃となり、徳川と豊臣は一時和睦。翌年の夏の陣で信繁は奮戦し、家康本陣を突き崩したりするが、間もなく討ち死にする。

この戦いぶりには徳川方も、「敵ながらあっぱれ」と賞賛する声も強く、のち、『日《ひの》本一《もといち》の兵《つわもの》』（島津藩）という言葉まで出たのである。

武名を残した父・昌幸と信繁。幕府の手前、父と弟のことを評価する声を大っぴらにはあげられなかった信之だが、「信繁はよくやった」と密かに親しい者にはもらしていたという。信之の心の中には、父と弟の名を恥ずかしめないように、真田家を守り抜くという相当な決意があった。

その信之にも、下手をすると幕府から改易されるような場面があった。信之の長男・信吉（沼田藩藩主）、次男・信政（2代目松代藩主）が共に亡くなり、松代藩主の跡目を巡ってお家騒動が起きたのである。沼田から、信吉の系統を第3代に推す動きもあったようで、騒動が幕府の知るところとなると、真田家取り潰しになることもなりかねない。

90歳を過ぎていた信之だが、家を継続させることに執念を燃やして動く。次男・信政の子、幸道に家督を継がせたいと血判状を幕府に送った。このことが幕府幹部の心を動かし、幸道が第3代藩主に就く。これを見届けた信之は、安心したのか、間もなく鬼籍に入った。当時、50歳程生きられればいいと思われていた頃、93歳まで生きた信之。武田家滅亡から第一次、第二次上田合戦、関ヶ原、大坂の陣と数々の修羅場をくぐり抜けてきた人生。まさに六文銭の旗印にこめられた覚悟をもって臨み、『真田』という家名を残した生き方であった。

武名を残した信繁、家名を残した信之

大坂の陣が終わり、徳川政権の下で世の中が安定してくると、真田信繁は真田幸村という名で軍記物に登場。寛文11年（1671年）京都で出版された『大坂物語』や、江戸後期に出された『浪華戦記』などの軍記物である。また、真田の錦絵として、江戸期には有名な絵師の手で、真田一族を扱った錦絵が数多く描かれ人気を博した。

維新が成って明治期に入っても真田人気は強く、幸村を扱った錦絵が数多く描かれた。『幸村、巡見中の家康を追い詰める』は、大坂冬の陣で家康をあと一歩のところまで追いつめるという場面を描く。葭《よし》の生える草むらに、家康が大久保彦左衛門と共

に身を隠し、幸村が葭の中に槍を突き刺して家康をさがす様子が描かれている。判官贔屓で、死に花を咲かせた幸村に庶民の人気は集まっていたことが、こうした錦絵からもうかがえる。

後世、信繁（幸村）の人気で語り継がれる真田一族だが、家をずっとつなぐ礎を初代松代藩主としてつくった信之の功績もまた大きい。信之は、軍記物や錦絵の題材となるような出来事は弟・信繁と比べて少なかったかもしれないが、一瞬一瞬を真剣に生きるという意味では、真田精神を真底、身につけていた人間と言えよう。

真田家が江戸期まで10代続き、そして維新から50年近く経った今、14代当主にまでつながっているという現実。このことをどう思うか。現当主・真田幸俊氏に聞くと、次のような答えが返ってきた。

「やはり時代の転換を、ある意味しっかりと見極めていたと思います。もちろん、奥方が徳川方から来ていた、ということもあったと思うんですけど、これからは徳川の世だ、というのを冷静に見ていたと思うんですね。だから非常に冷静なんですよね。用心深い性格だったと思いますね。何をするにしても、とにかく藩、家を残そうと」

戦国時代の真田の所領といえば上田（信州）と沼田（上州）。国をまたいで2か所に領地があることは一族が生きていくうえで、今風にいえば、常にリスクヘッジが取れるということである。

「もちろん、リスクヘッジの気持ちが当時あったと思うんですよ。幸綱のとき、武田、諏訪、村上の連合軍に小県が攻められたとき、幸綱は上州のほうに逃げています。このことが一族にはずっと記憶にありますから、その二つを押えておかないと、何かあったときにどちらかに逃げこめないとは絶対思っていたと思います」と幸俊氏は真田三代の初代・幸綱の領土経営に思いをいたす。

真田幸俊氏は学習院中等科（中学）3年のとき父が亡くなり、14代当主となった。父・幸長氏（13代当主）は日本教育テレビ（現テレビ朝日）に勤務、電気通信の技術者であった。その父の姿を見て電子工学の道を選び、現在、慶應義塾大学理工学部で教授を務める身。

真田家と信州（現長野）のつながりは維新後も続く。七年に一回の割り合いで善光寺では御開帳が執り行われる。そのとき、柱を真田家が寄進する習わしがあり、その行事に当主が代々参加してきた。元家臣の末裔である人たちなどでつくる奉賛会のメンバーも出席。中学生で14代当主になったとき、幸俊氏は羽織袴に衣冠をつけるという出立ちで出席、奉賛会役員も裃《かみしも》という服装、日本を代表する寺、善光寺での大きな行事とあって、最初は幸俊氏も緊張の連続だったという。上州・沼田とは今、真田家としてのつながりはないというが、四百数十年前の幸綱の時代、沼田があることで一族の存立が図られたという歴史的事象に思いをいたす真田幸俊氏である。

いつの世もリスクがある。そういう中を、その時の諸条件、諸情勢を勘案し、自らの針路を決断する。21世紀に入って十数年が経ち、「想定外」の自然災害や事態がわたしたちの身の回りでも起きるようになった。真田精神が注目されるユエンである。

つないでいくことの意義――ＡＯＫＩホールディングス経営に見る真田精神

信州は篠ノ井（現長野市）の出身であるＡＯＫＩホールディングス創業者で会長の青木擴憲氏は１９３８年（昭和13年）９月生まれ。20歳のとき、紳士服（背広）の行商から身を起こし、58年（昭和33年）、「洋服の青木」を創業。ＪＲ長野駅近くに店舗を構えて事業を広げ、今日のＡＯＫＩホールディングスを築き上げた。

紳士服専門店で業界2位、さらに結婚式場『アニヴェルセル』や複合カフェ、カラオケと事業を拡大。２０１６年現在、年商約２千億円、営業利益も約２００億円と収益力の高い経営を実現。基幹のファッション事業は売上全体の約6割を占め、アニヴェルセル・ブライダル（結婚式場）が2割弱、複合カフェが1割強、カラオケルーム運営が1割という構成。従業員数はグループ会社を入れると約1万人にのぼる。

一代でここまでの事業を築き上げた青木氏は、子供の頃から、川中島の合戦の話を親や周囲から聞き育ってきた。生まれた篠ノ井は激戦地のど真ん中にある。上杉謙信と武田信玄が五度にわたって覇を競い合い、決着がつかなかったが、最終的には武田信玄が北信濃を治めたという戦の経緯。そして、江戸期になり、川中島から東側、南北に流れる千曲川を越えた山沿いの松代の地に真田の拠城ができる。

武田信玄が築いた海津城が、最終的には真田の松代城となり、江戸期の250年間をここを拠点に一帯を治めるという歴史。この歴史から何を学ぶか？

「列強に挟まれた信濃の国にあって、どうやって真田家を継続させていくか、真田の当主は悩みに悩んだと思います。昌幸の長男は徳川に付き、次男は豊臣に付く。どちらの側が天下を取っても継続性が維持できる。この考え方は経営にも生かせる。経営は継続性が大事ですし、大いに学ばせてもらいました」

継続性。企業経営を次の世代にどうつなぎ、新しい時代にふさわしい事業をどう取り入れていくか。自らが始めたファッション事業だけではなく、ブライダル（結婚式場）にも着手。東京・表参道に開いた『アニヴェルセル』は洒落た本館の外にカフェ席もあり、若者でにぎわう。若者文化を内外に発信し続ける表参道や代官山の雰囲気に溶け込んだ『アニヴェルセル』である。ファッション、結婚式場の次に考えたのがエンターテインメント（カラオケなど）。この三つの業態に分けて、経営の安定性を図ろうというポートフォリオ戦略。こうした経営戦略を立てる背景には、時代や環境がどう変わろうと、自らの組織をつないでいくという「真田の精神が参考になる」と青木氏は語る。

そして、その真田から学んだ二つ目が絆の大切さである。

「家族の絆、臣下の方々との絆、そして社会との絆。そうした絆を大事にして継続性を維持する。絆を大事にしたことを真田さんから学びました」

青木氏はこう語りながら、「三つ目は死んだ気になって事に当たる」という気迫、精神性を学んだと強調。

死んだ気になって仕事をする。三途の川の渡し賃である六文銭の意味は子供の頃からよく聞かされてきた。これは「般若心経《はんにゃしんぎょう》の精神にも通じます」と青木氏。

般若心経。般若とは、真理を認識し、悟りを開くはたらきのことで、『最高の智慧《ちえ》』を意味する。般若心経は仏典の一つで262字から成り、般若経の真髄を簡潔に説いている。

20歳で事業を始め、今日のAOKIホールディングスを築いた青木氏だが、創業当初は厳しい環境に置かれた。

「借金ばかりからスタートして、何とか今日会社として、従業員もほぼ1万人以上いるのですが、その中でいつも考え、生きているのは、死んだと思えば何でもない、ということ。この考え方は六文銭の中に生きている。そういうことが子供の頃から常に会話の中に出てくるワケです」

六文銭は、信州の精神風土になって生きている。無と思えばこわいものはない——といった話を幼少期から聞き、また自分たちもいろいろな出来事を体験しながら、考え、そして悩む。喜怒哀楽を共にしながら、生きることとは何か、働くこととは何かを考えていく。日常生活の中で葛藤を繰り返しながら、六文銭のことを考え、それを生きる基本軸にしていく。青木氏の人生の中に六文銭はしっかり生きてきている、ということである。

１９３８年（昭和13年）９月生まれの青木氏は77歳になった今も、「一生学習です」と学ぶ姿勢を忘れない。常に学ぶという姿勢だからこそ謙虚で、かつ何事にも挑戦していくというスピリッツとなり、それが今日のＡＯＫＩグループを形成する元になったともいえる。その原点が、郷里（信州）の精神風土にあることは既に述べた通りである。

真田が『つなぐ』という精神で、先人・先達の教えに学び、それを六文銭の考えで実践し、そうした教えを若者や後輩たちにつないでいく。

そうした考えが70数年の人生の中で、青木氏の体の中、そして心の中に蓄積され、しみついていったのであろう。青木氏は自ら儒学、老荘思想を学び、経営の根底として必要なことは何か――を追求してきている。そして、それを自分の枠の中にとどめておくだけではなく、もっとわかりやすい形で多くの若者、子供たちに知ってもらう。そして大切なことは何かを自ら考えるようになってほしいという考え。

そのような考えから、青木氏は『親子で学ぶ人間の基本――中国古典で読み解く人間の本質――』と題するＤＶＤ版の教材シリーズをも制作。

「わたしは絆を大事にしたい。今、日本ではあらゆるところで絆が弱くなっています。人と人の絆とか、親子の絆、夫婦の絆をもっと大事にしないといけない。やはり真田の強さはお父さんと息子さんとのあの絆だと思います。武田家は父と子の関係があまり良くなかった。信玄は父・信虎を駿河に追放したり、長男・義信を自害に追い込んだりとかね。そうした絆の弱さが武田家滅亡の一因となっているのでは。今、日本の家族からも絆が失われてきているのでは、という気がしています」

絆の大切さについて、青木氏はこう語りながら、社会的リーダーと家族の絆の関係について、次のように続ける。

「世界のリーダーとか日本のリーダーとか、あるいは会社のリーダーになる前に、家族を治められなくては、なかなかリーダーにはなれないんですよ。一番の核となる家族の絆を大事にしてこそ、会社や地域のリーダーになれる。社会の最小の単位として家族があり、その家族の絆を大事に、家族を構成してこそ、そうなれると思います。その家族の絆をいかに構築できるか、そのこととの心構えについて知ってもらおうと作ったのが『親子で学ぶ人間の基本』なんです」

青木氏は毎朝、家の仏壇、神棚に向かって手を合わせるところから1日をスタートさせる。仕事から帰ってきて、1日の仕事の報告を仏壇、神棚に向かって行う。

先祖から両親、そして自分や兄弟、縁者、さらに子供や孫たちとつながる命の継続の中で自らの立ち位置と役割をわきまえ、一日一日を大事に生きていくという姿勢。『一生学習』に加え、『一生挑戦』、『一生謙虚』を座右の銘に青木氏はしている。

一生学習――。学ぶということは、単に自らが属する業界のことを知るということだけではない。もちろん、その業界で一頭地を抜くようになるには、業界に精通しプロフェッショナルにならねばならないが、それだけでは十分ではない。過去を知る、つまり歴史をひもとき、自分たちがなぜ、現在こうなっているのかを知り、そして未来へ向かってどんな手を打っていくかと過去、現在、未来をつなぐ作業が求められる。

一生挑戦――。事業を担うものはまた、常に挑戦者であらねばならない。社会のニーズは時代とともに変わっていく。時代の変化に対応し、人々の望み、ニーズに応える商品サービスを掘り起こしていく。人生は挑戦の連続である。

そして、一生謙虚――。人生には山と谷がある。『実るほど頭を垂れる稲穂かな』とは、地位が高くなればなるほど謙虚に振る舞う、つまり傲りたかぶることを戒める言葉である。リーダーが謙虚な組織ほど強い。

ＡＯＫＩグループは今、ファッションをはじめ、複数の業態を抱える。この一つひとつの業態をどう発展させていくか。「一人ひとりが自ら考える集団としていきたい」と青木氏は語る。

一人ひとりが自ら考える――。そのための人材育成であり、「みんなで学びを共有していきたい」という青木氏の生きる姿勢である。

『人ならば　人ならば　永遠《とわ》に光と語り継ぐ
象山佐久間　恩田杢　仰ぐ不滅の至誠《まこと》こそ
燃える真田の心意気　おおさ真田の心意気』

青木擴憲氏はこの『真田節』の三番の歌詞をいつも空んじていて、若いときに自らを鼓舞してきたという。ことに創業した頃は会社がいつどうなるのかわからない。苦しいとき、厳しいとき、この真田節を口ずさんでは自らを叱咤激励してきた。社員と思いを共有するため、社歌を制定したときも、この真田の心意気を取り込んだほど。いわばＡＯＫＩグループの人材教育の原点に真田精神がなっていると言っていい。

長野市松代町にある松代城跡

幕末の志士を引き付けた佐久間象山

松代の町は今も城下町の面影を残す、落ち着きがあり静寂に包まれた町。堀に囲まれた松代城、その南には真田邸、藩校であった文武学校があり、また武家屋敷の門構えを今に伝える屋敷がある。そして真田邸から南へ少し行った所に象山という山があり、その麓に象山神社がある。

緑に囲まれたこの神社こそ、江戸末期の思想家・兵学者、佐久間象山を祀る神社。

象山は文化8年（1811年）、松代藩の下級武士の家に生まれた。幼少期から神童ぶりを発揮し、初め朱子学、そして蘭学を修めた。23歳のとき江戸に出て高名な儒学者佐藤一斎の塾に入り、山田方谷《ほうこく》と共に『二傑』とうたわれた。

幕末期はペリー来航などがあり、いかに国防を図るかということに幕府も腐心。第8代藩主・真田幸貫が海防掛を務めたとき、その下で『海防八策』をまとめ、これが幕府に提出された。象山は自らも砲学の研究にいそしみ、大砲の試作に取り組んだ。北海道防衛の任に当たる松前藩の要請で大砲試作に取り掛かったものの、失敗もあったが、失敗は成功の元とばかりに、平然としていたという。自力で前向きに仕事に向き合うところがいかにも象山らしい。

象山が興味を持った分野は幅広く、例えば電信機の試作もその一つ。ペリー提督は二度目の来航時（安政元年＝1854年）、幕府に電信機を献上しているが、その前年、象山はオランダの理学書を読みこなし、それを基に電信機を作り、実験を成功させている。またガラス製造の実験も行っている。

幕府の中では開明派の勝海舟とも親交があり、勝の妹を正妻に迎えている。志士の中では、吉田松陰も象山に教えを乞うた人。ペリー来航時に密出国を企て、米国に渡ろうとした松陰は国禁をおかしたとして獄につながれる。その師、象山も密入国を支援したとして幕府に疑いをかけられ、国元に返され蟄居《ちっきょ》させられる。

時に象山44歳のとき。これから9年間自宅での蟄居中に長州の高杉晋作や久坂玄瑞、土佐の中岡慎太郎ら全国の志士が象山のもとを訪ねてきている。ペリー来航以来、開国か攘夷（外国勢を追い払う）かで国論は沸騰。象山は国難を打開するにはと、皇室と幕府が手を握り合う公武合体論と開国論を唱える。象山54歳のとき、蟄居は解け、幕府の命で京都へ上洛（元治元年＝１８６４年）。将軍・家茂や一橋慶喜、さらには山階宮など主な公家に公武合体と開国論を説くなどして活躍した。

しかし、狂信的な攘夷派につけ狙われ、三条木屋町で襲われて非業の最期を遂げる。それから戊辰《ぼしん》の役が起こり明治維新（１８６８年）となるのだが、その維新の４年前の出来事であった。西郷隆盛らが暗殺の動きがあるから、「気をつけるように」と心配する中、象山は「国が大事。自分の死によって世の人が悟ってくれるなら、命は惜しまない」と答えていたと伝わる。世の中はそれから激しく動きだす。維新が成って、日本は近代国家の道を走ることになる。

明治維新の礎——。佐久間象山の生き様は、まさに、真田の六文銭の思想を貫くものだったと言えよう。人から人へ、思いはつながっていくし、また、つながれていくものである。

先述のＡＯＫＩホールディングス創業者・青木擴憲氏は幼少期から、『真田節』に出てくる郷土の偉人、佐久間象山の名を聞き、事業を始めてからも、何かにつけ、象山神社に足を運び、お参りして、「社会に役に立てる会社にしていきたい」と誓ってきた。

真田の精神、歴史風土が佐久間象山を生み、また恩田木工民親《もくたみちか》を生んだ。そうした人の思想が後世の人々にもつながれていく。恩田木工は享保2年（1717年）、家老の家に生まれた。30代後半という若さで家老職を命ぜられるが、この頃の藩財政は厳しかった。幕府からの賦役や千曲川氾濫などの水害なども重なり、財政立て直しが急務という状態。前藩主（5代・信安）のときも財政改革に乗り出しているが、領民の反対なども受け、改革が進まずいた。

第6代藩主・幸弘はまだ10代と若く、有能という評判の恩田木工を改革の責任者に抜擢。この頃、一説には藩内の役人の間で賄賂などの動きもあったが、恩田木工は公平、公正な税の執行を心がけ、自らも粗食に甘んずるなど質素倹約の生活に徹した。改革といえば、スリム化、人減らしということがすぐ浮かぶが、恩田木工が心がけたのは、誰もがふだんの生活の中で実行できることをやろうと役人や領民に呼びかけていったこと。改革を実行するにはと、「信」を掲げ、領内での方針説明に意を尽くした。今でいう対話の徹底化であり、役人や領民とよく話し合うことで双方の信頼醸成に努めた。増税はしない。その代わり、年貢の先約をすれば有利な計らいをすることで格差が生まれるようなことをなくすため、公平・公正な税の執行に徹した。
やれることをしっかりやる――。この恩田木工の改革の業績は『日暮硯《ひぐらしすずり》』という本に詳しい。諸藩の関係者もこれを読み、改革の見本にしたともいわれる。命がけで改革に取り組むという恩田木工の姿勢が税を執行する側の役人、そして税を納める側の領民に信頼されての改革の成就である。ここにも捨て身で仕事に打ち込む六文銭の思想が流れていると言えよう。

経済建設は『西洋芸』で、国家運営は東洋道徳で、と考えた佐久間象山

真田精神をずっと突き詰めていくと、「自立の精神」ではないか。
主家を失って、有力大名の信濃争奪戦のなかで生き抜いた真田昌幸にも、「信濃を治めるのは我らの手で」という考えがあった。単独では力が及ばない現実の中で、主君を次々と替えながら、自力を蓄えていく。しかし、徳川と二度も合戦を演じ（上田合戦）、相手を敗北させるという戦略の立て方、不屈の魂、単独で戦う時は戦うというのも、基本に自立する精神、気迫があったからだと思う。

そうした精神、思想は江戸末期、それを泰平の世の二百数十年間を謳歌してきた日本がそれこそ困難に出会ったときに発揮された。先述の佐久間象山の思想とその実行策づくりがまさにそうである。詩文に秀で、砲術家であり科学者や医学者であり、思想家、教育者であり、大砲製造をはじめ電信機やガラスづくりの実験を成功させるという実学を推進した傑物の象山。

若い頃は自尊心も強く多少鼻いきの荒い人間ということで、藩内でも摩擦があったようだが、江戸に出て佐藤一斎、藤田東湖などの人物に教えられたり、勝海舟とも交流したりして見聞を広め、思想を昇華させていく。江戸・木挽町《こびき》（今の築地界隈）の江戸藩邸内に私塾を開くようになってからは、名藩の志士が象山をしきりに尋ねるようになる。その思想の懐《ふところ》の深さ、広さに、藩を超えて多くの俊秀が象山に慕って来たということである。吉田松陰の密入国企ての件で疑いをかけられ、松代の地に9年間蟄居させられる間も、坂本龍馬らが訪ねてきたといわれる。

それだけ多くの俊秀を引きつける象山の思想とは何だったのか——。

藩単位で成り立っていた江戸時代270年間だが、この頃、ペリー来航をはじめ、ロシアの軍艦も北海道などに出没したりして、国全体に危機感が生じてきた。藩という単位を超えて、「この国を何とかしなければ……」という思いが強まり、日本という次元で国が強く意識するようになった。これより先、中国では英国との間でアヘン戦争（１８４０年）が起き、当時の清《しん》は国家の基礎が腐りかけており、半ば植民地状態。高杉晋作などは自ら清に渡り、自分の目で清が英国に侵蝕されている様を見て、危機感を深めていったともいわれる。外敵を討てと、攘夷論も強まってきて、国家対国家の戦いだという考えにもなってくる。しかし、このとき、佐久間象山は、単なる国家体制の国家体制による挑戦とは考えなかった。

「それでは非常に閉鎖的な国家論になってしまうわけで、象山は全く違った。西洋近代思想の東洋思想に対する挑戦だというふうにまず見た。これがすごいところです」

と語るのは、老荘思想の研究者である田口佳史氏。

田口氏は１９４２年（昭和17年）生まれ。72年に老荘思想により経営者育成、人材育成を行う「イメージプラン」社を創業。以来、二千社強の企業変革指導を行ってきている。現在は一般社団法人「日本家庭教育協会」理事長、同「東洋と西洋の知の融合研究所」理事長などを務めている。その田口氏が語る。

「象山のすごさは、もう一人、なぜか言い合わせのように横井小楠という人が、全く同じ発言をするんですけど、要するに西洋列強が近代兵器を持って日本に押し寄せて、侵略し、開国を要求すると。もっと列強は侵略してくるぞと。そういうふうに、ほとんどの人間は国家体制の国家体制による挑戦というふうに考えるわけですね。特に水戸学などはそういう考えだから、国粋意識精神の強要とか強化とか、そちらの方向へいってしまった。これは自らの反省もないから、そう強化するというもので、非常に閉鎖的な国家論になってしまう。佐久間象山は全く違います。西洋近代思想の東洋思想に対する挑戦だというふうにまず見たということです」

西洋近代思想の東洋思想に対する挑戦――。

「わたしの知っている限り、そう考えたのは佐久間象山と横井小楠の二人しかいない。二人とも若干違うんですが、佐久間象山の見解としては、もう一度東洋の思想の読み直しを徹底的にして、西洋思想を凌駕する部分というものを、われわれは発見することが大事であると。このこと自体が現在のこの困難を乗り越えていく最大の方法だと思うんですよ」と田口氏。

田口氏は、東洋思想の根底には、『一即多《いつそくた》』という発想があると言う。

生命重視、多様性重視の東洋思想

一即多――。『一』は即ち『多』。つまりダイバーシティ（diversity）、多様性を尊重する考え方。西洋列強にはキリスト教国が多い。しかし世界にはイスラム教、ヒンズー教、仏教など、一神教もあれば、他との共存を認める宗教など、いろいろな宗教がある。そして、いろいろな民族がいる。そういう多様な世界の中で、東洋思想が打ち出すのが生命重視の考え方。

「生命重視と言われたら、もう要するに国家の違いも宗教の違いも民族の違いも全部乗り越えられるのではないかと。だから東洋思想には西洋思想をも高めていく、それだけの広がりがあるんだよと。そうした生命重視の思想を持って、彼ら（西洋列強）と対することが、困難を回避する上で最も的確な方法なんだと」

困難回避の具体策として、佐久間象山は公武合体論を打ち出した。公（天皇）と武（将軍）が連携し合うというところまでは大体意見が一致するとして、問題はそこから先である。

一部は、外敵を退けるのに急で、攘夷論に走る。しかし、象山は公武合体論に重ね

長野市松代町にある象山神社

て開国論を繰り広げた。これにより、過激な攘夷派に狙われる要因が生まれるわけだが、象山自身はもう一段の高みを目指して突き進んだ。この象山の危機意識は21世紀の今を生きるわたしたちにとって、グローバリゼーションの中で自らの国のカジ取りをどう進めていくか、という問題意識につながってこよう。

「佐久間象山という人は面白い人で、先端的な技術とか、欧米の生き方を具体的に技術論として把握していた人なんですよね。ところが歴史と伝統に根付く武士道をしっかり持っていた」と田口氏。象山は、自分たちが人としての基本軸をしっかり持ったうえで西洋の技術を取り入れようという考えの思想家だったということである。

「これからの国は、東洋道徳と西洋芸」――。これからの日本は西洋芸、つまり技術で勝負していかなければならないが、国家運営の原理原則は東洋の思想でやっていくべき、という象山の考え方である。

「もっといえば、西洋の技術、西洋の技術と皆さんおっしゃるけれども、西洋の技術に道徳があるんですかね、という趣旨のことを象山は言っています」と田口氏。

技術だけ猿マネみたいに取り入れていたら、非常に危うい国家になる、東洋の道徳を基礎にして国の運営を図っていくべきだということを、当時、象山は指摘している。

もちろん象山自体は、実学の重要性もはっきり理解していた。ペリーが江戸湾まで軍艦を入れて、いわゆる砲艦外交をやった。このとき、象山はペリーの大砲の射程距離を推しはかり、射程距離は長く江戸城に簡単に砲弾が届くと見立てていた。なるほど大砲は射程距離が長くなければ意味がない。そう考えていた象山は自ら大砲の試作に努めている。この大砲作りでは、前述のように、失敗も繰り返しながら、諦めずになんとか成功させようと挑戦し続けた。

ペリー来航の2年前、すでに松代藩領内で大砲の試射に成功。砲弾は予測を超えて飛び過ぎて、2キロ余先の寺の境内に飛び込んだ。その寺は幕府領内にあり、話がもつれ、解決までに数ヶ月かかったという話もある。ともかく大砲を自分たちの力で作り上げようという象山の気構えであり執念、何より自立の考えである。

コロンブスが究理の力を生かして新大陸を発見、コペルニクスが地動説を唱え、ニュートンが重力、引力の法則を導き出した世界三大発明。すべての学術には根本原則があるということを当時すでに知識として持っていた佐久間象山。学識レベルとしては、ほぼ西洋の学者のレベルだったといわれる。そして自らは、砲術、兵学、数学、蘭学などを究め、科学的に物事に処していこうという態度。それは『敵を知り己を知れば、百戦あやうからず』の孫氏の兵法にもつながる考え方、生き方である。

その科目する心で見れば、西洋の技術は一枚も二枚も自分たちより上。だから、その優秀な技術は取り入れるとして、国家の原理原則は東洋の道徳にのっとっていく、という象山の思想である。

20世紀はその前半に、第一次、第二次世界大戦があり、『戦争の世紀』といわれた。21世紀に入って15年以上が経った今はどうか？

米ニューヨーク同時テロが起き、イラク戦争が発生。『中東の春』といわれ、リビアなどの独裁政権が倒された後、そうした国々の混乱は却って深まり、内戦も勃発。

シリア、イラクでの内戦は今も続き、テロは頻発、難民も数多く発生し、その受けいれに欧州各国も頭を痛める。難民受けいれをめぐっては国論が真っ二つにわかれ、ＥＵ（欧州連合）は英国のように脱ＥＵの国論が高まる。分断、分裂が進み、世界の指導者を自任し、安全保障のため、『世界の警察官』を自認していた米国も「もはや、その時代は過ぎた」と言ってのける。２０１６年秋の次期米国大統領選びを見ても、候補の間で内向きの発言が目立つ。モンロー（孤立）主義の再来ともいわれる。

約１５０年前、国論が攘夷か、開国かで割れて沸騰していたとき、佐久間象山は旧来のしがらみを捨て、公武合体を説き、そして開国論へとつなげた。それは文字通り、真田の精神風土にある、一命を賭しての決死の意見奏上であった。

分断、分裂ではなく、何とか解決策を見出そうとする象山。それは今日で言う、弁証法（アウフヘーベン）の考え方でもあったろう。

『正―反―合』の考え方。自らの主義、主張を展開し、相手の考えや訴えをも十二分に尊重して勘案し、解決策を見出していくという弁証法。決して、一人よがりにならないということである。これは、田口佳史氏が指摘するように、東洋の思想の根底には『一即多』（多様性の世界）の考えがあるということと相通じる。

真田の歴史をひもとけば、一族は何度も危機に立たされる。その都度、必死に懸命に、それこそ「表裏比興《ひょうりひきょう》の者」とそそられながらも、知恵をひねり出して生き抜く。主君を何度も替えるが、話を聞く相手もいつしか真田の声を受け入れるようになる。死を覚悟して事に臨むという思いが相手に通じたからこそ、戦国の世の真田一族、そしてその後の改革者たちも課題を解決し、危機を乗り越えられてきたと言えよう。

なぜ今、真田精神か——。分断・分裂の危機をはらむ今こそ、真田精神を再認識するときである。

真田幸綱画像（真田宝物館所蔵）

『真田幸綱（幸隆）』

真田信繁（幸村）の祖父。江戸時代に書かれた歴史書によると、武田・村上・諏訪三氏の連合軍と、東信の名族海野《うんの》氏との対戦において、海野一族の一人として武田信玄との戦いに参加する。しかし、海野氏がこの戦いに敗れると真田（現在の上田市真田町）から上野国（現在の群馬県）へ亡命したと言われている。

その後、家臣として武田信玄に仕え、「信州先方《さきがた》衆」として武田勢の先兵または参謀として活躍。幸綱は信玄が攻めあぐねた村上義清の居城・砥石城を攻略するなど、信濃から上野へと勢力を拡大した。

第2章

真田の生き方

真田家14代当主・真田幸俊

人質時代に戦国武将の戦略を学んだ父・昌幸と弟・信繁

松代藩初代藩主の真田信之はわたしの祖先にあたります。真田幸村といった方が有名ですが、信之の弟・信繁は戦場で華々しく散って行った侍として多くの皆さんに親しまれてきました。名将という「名」をのこした信繁と、真田の「家」をのこした信之。対照的なイメージのある兄弟でしたが、父・昌幸に代表されるように、単なる国衆にすぎなかった真田家が「あの時代によくぞ生き残った」と素直に感動します。

関ヶ原の戦いでは、昌幸と信繁が西軍に、信之は東軍につき、父子が敵味方に分かれて戦うことになりました。どちらに転んでも家が残るようにと考えた昌幸の判断には驚かされます。

幼い頃、武田家に人質に出された昌幸、そして上杉家に人質に出された信繁と、この二人には共通点があります。人質といっても現代の人質とは意味合いが違って、留学をさせているようなイメージで捉えた方が的確かと思います。そこで人格形成がなされ、戦国武将の戦略というものを学んでいったことが後々生きてくるわけです。対して、信之は地味なイメージがあるかもしれませんが、徳川に背いた父と弟を持ちな

真田　幸俊氏

がら、ひたすら徳川家のために戦いました。幸い、家康からの信頼も厚かったようで、そういう状況下で家を残していく苦労は並大抵のことではなかったと思います。

家を残していくということでいえば、真田家には家督を継ぐために養子をとった歴史があります。7代目・幸専《ゆきたか》は近江国（滋賀県）彦根藩の井伊氏から、8代目・幸貫《ゆきつら》は白河藩の松平氏から、10代目・幸民《ゆきもと》は伊予国（愛媛県）の伊達氏から松代藩の藩主として迎え入れられました。

歴代の藩主に共通しているのは、人の抜擢が上手かったということ。6代目・幸弘の頃の松代藩も財政的に苦しかったのですが、家老・恩田《おんだ》木工《もく》民親《たみちか》を抜擢し、藩政の改革・財政の建て直しを図りました。幸貫の時代には下級武士の佐久間象山（幕末の思想家）を抜擢しています。だから、実力ある人物を見極めるのが上手かったのだと思います。

やはり先が見えない状況において、どういう選択をしていくのか。無意識のうちに、わたしも昌幸はどう判断するだろうか？　信之だったらどう考えただろうか？　と思う時があります。昌幸と信之の生き方はとても真似できませんが、家をつないできたという意味では信之の生き方は参考にしようと思います。

時代の転換点を冷静に見ていた初代藩主・信之

信之は徳川家の重臣・本多忠勝の娘と結婚していますから、これから徳川の時代が来るぞということを冷静に見ていたのでしょう。時代の転換点を冷静に見ていた、別の表現を使えばある意味で用心深く物事を観察していたのだと思います。そうでなければ、あの時代に藩や家を残すことなどできません。そこには亡くなった父や弟のためにも、という気持ちがあったと思います。

実はその後、江戸時代を通じて、真田家はやたら幕府からお手伝い普請を命じられています。千曲川の改修工事や江戸城の普請、そして現在、上智大学のグラウンドがあるJR四ツ谷駅そばの真田堀の工事は、江戸城の最も高台にある場所の工事だったようで、人を動員するのに相当苦労したみたいです。

藩の蓄えが無くなり、幕府から借金をする形でやりくりしたそうですが、それもこれも昌幸が上田の合戦で徳川を撃退したり、信繁が大坂の陣で激しく抵抗したため、幕府も真田に目を付けていたのだと思います。「わしらは痛い目にあってな」などと言われたら、「すみませんでした」としか言えない（笑）。だから、徳川方も意地悪をしたのかどうかはわかりませんが、真田なら断れないだろうという考えのもと、政治的に使ったのだろうと思います。

中学3年生でいきなり14代目当主に

父はわたしが中学3年の時、55歳で亡くなりました。だから、15歳の子供がいきなり真田家14代目の当主になったわけです。父が亡くなる前、母から「代替わりになるから覚悟するように」と言われましたが、何を覚悟すればいいのか（笑）。

長野の善光寺で7年に一度御開帳（秘仏である御本尊の御身代わり『前立本尊』を

本堂にお迎えする儀式）が行われますが、ちょうど父が亡くなった翌年が御開帳の年でした。ここでは毎回、松代から回向柱（本堂前に立てられる高さ約10メートルの柱）となるご神木を奉納しており、真田家当主が本殿で奉納の挨拶を申し上げなければなりません。だから、一番初めの挨拶の時には相当緊張しました。暗唱するんですが、うまく言えなかったらどうしようかと、かなり悩んだ記憶がありますね。

わたし自身は東京で生まれ育ちましたから、松代に初めて連れてこられたのは幼稚園の年長とか小学生くらいだったと思います。その時は、何も考えず姉と卓球をして遊んでいた記憶があります。父が家臣団の末裔の方々とお会いしたり、菩提寺に墓参したりしていましたが、特に何か感じたこともありませんでした。

もちろん、真田家の末裔であるということは分かっていましたが、特別、家の由来や歴史を聞くこともなく育ってきましたから、父が亡くなった後の初めは本当に大変で、見ていて母が気の毒に思えました。

母は一般家庭から嫁いできたわけですし、いきなり中学生の何も知らない子供が残されたわけです。そして、真田家という以前に3人の子供をどうやって食べさせていけばいいのか。ましてや、当時は女性が働くような環境ではありませんでしたし、どうしていいか分からないけれども、とにかく生活のことを考えなければならないわけです。母は勉強して、宅地建物取引主任者の資格を取得し、それで生計を立てるようになりました。40代になってから勉強して資格をとるのですから、やはり、母にも家を残そうという真田の血が受け継がれていったのかもしれません。

今はわたしにも2人の息子がいます。特別に「お前たちは真田の子供だから」とは言いませんが、松代の方にはちょくちょく連れていったりしています。わたしが行事に出ているのを見ることで、なんとなく父親がどんなことをしているのか、頭に入れておいてほしいと思います。

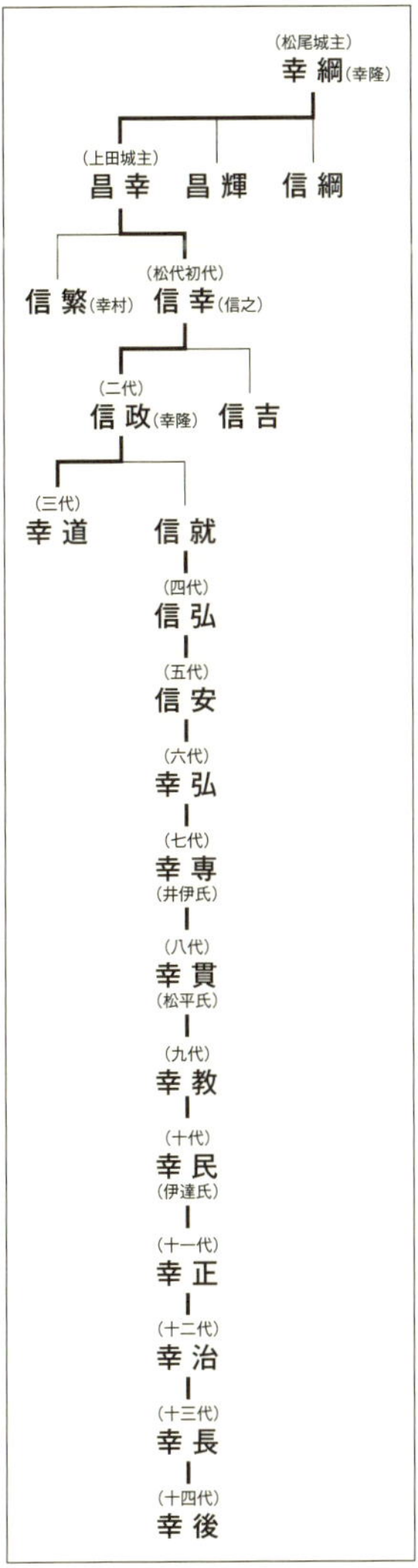

真田家系図

真田昌幸画像（上田市立博物館所蔵）

『真田昌幸』

真田幸綱（幸隆）の三男。長男・信綱《のぶつな》、次男・昌《まさ》輝《てる》が長篠の戦いで共に討死にしたため、真田家を継ぐことになった。

若い時から、武田信玄の側近として仕えていたが、武田家滅亡後は上杉・北条・豊臣・徳川といった大大名に対して、時には従い、時には対峙しながら東信濃随一の武将に成長した。知略・軍略に優れ、豊臣秀吉から「表《ひょう》裏《り》比《ひ》興《きょう》の者」と言われながら、2度の上田合戦では徳川の大軍を退け、真田の名を天下に知らしめた。

関ヶ原の戦いの後、紀州・九度山（現在の和歌山県）に幽閉され、その生涯を終えた。

第３章
歴史学者から見た真田

東京大学史料編纂所教授
山本博文

「信濃の国衆にすぎなかった
真田が動乱の戦国時代を
生き抜いた柔軟な発想から
学ぶことは多い」

要所、要所で政治史に大きな影響を与えた真田家

２０１６年のＮＨＫ大河ドラマの主役は真田信繁（幸村）である。信繁の父・昌幸を演じる草刈正雄さんの重々しい役回りと、いまはまだ頼りない感じがする堺雅人さんの信繁がこれからどう逞しくなっていくのか。毎週興味深く拝見させてもらっている。また面白いのは、脚本家が三谷幸喜さんということもあってか、家康がコミカルに描かれていること。確かに、秀吉に従っている頃の家康は絶対に強いものには反抗しないという考えを持っていて、結構小心者だったという。それがある程度歳をとって、自分を押さえつけていた秀吉がいなくなってから弾けた部分があるので、ドラマとはいえ、意外と本当の家康に近い部分があったのではないかと思う。

さて、ここで簡単に真田家の歴史を振り返ってみよう。

真田家の本拠地は信州である。信濃国、現在の長野県は四方八方を他国に囲まれており、戦国時代はとくに争奪の舞台となった場所。信濃へ侵攻してきた甲斐・武田家の家臣団に、東信濃の海野郷《うんのごう》から出た真田幸隆が加わった。やがて幸隆の三男・昌幸は兄たちが戦死したため家督を相続。対北条家の先鋒となり、上野国《こうずけ》（群馬県）沼田

（沼田市）を奪取し、拠点とした。

天正10年（1582年）に武田家が滅亡し、織田信長が本能寺で斃れると、信濃は再び争奪戦の舞台となった。昌幸は生き残るため徳川家につき、徳川家康の援助を受けて上田（長野県上田市）に立派な城を築いた。

その後、昌幸は熟慮の末に上杉方へ寝返ったため、これに怒った徳川方と二度にわたって合戦を行うも、見事に二度とも徳川軍を撃退。しかし、関ヶ原の戦いで敗れた昌幸と信繁は紀州九度山（和歌山県九度山町）に流され、家康の養女・小松姫と結婚していて徳川方についた信之（信繁の兄）は助かった。信之は徳川への忠誠を示すため父・昌幸の「幸」を外し、「信幸」から「信之」と名前を変えた。

徳川軍によって上田城は廃城となったが、沼田城に留まった信之は元和2年（1616年）に上田藩の初代藩主となる。ただ、6年後の元和8年（1622年）には松代藩（長野県長野市）へ移封となり、以後真田家10代が明治維新まで続くことになる。このため、非常に思慮深い智将として語り継がれる信之だが、上田の地を与えられた後も本人は沼田に留まっており、上田城も復活させないまま松代藩に転封となったため、上田藩主としての評価は微妙なところだろう。

真田家は、政治史の一番前の表舞台に出てくるような存在ではない。ただ、要所、要所で当時の政治史に大きな影響を与えている。

典型的なのは、北条氏が滅亡するきっかけとなった「名胡桃城《なぐるみ》」事件。秀吉の裁定により、沼田をめぐる北条方と真田方の領地争いは一旦落ち着いたかに思われたが、北条氏の家臣が沼田城と利根川を隔てた対岸の名胡桃城を攻撃し、名胡桃城を奪ってしまう。自らの裁定が破られ、メンツをつぶされた秀吉は天下取りの総仕上げとして北条征伐に乗り出し、小田原合戦へと進んでいくのだ。

また、第二次上田合戦において、徳川秀忠軍を足止めさせたり、大坂夏の陣で徳川家康にあと一歩のところまで迫ったり、一歩間違えば、大きな政治的な事件になる可能性もあったわけで、日本の歴史を一変させてしまうような可能性を持った存在だったことは確かである。

築城巧者だった真田昌幸

真田は信濃の国衆にすぎなかった。国衆というのは、もともとその地域に勢力を蓄えてきた存在であり、国衆の中ではかなり大きな存在だった。北条、徳川、豊臣、上杉という非常に大きな勢力に囲まれて、その都度どこか一つに仕えるのではなく、一番有利なところに仕えるという柔軟な発想で頭をひねってきたことが、結果的に生き残った理由であろう。

時に秀吉から「表裏比興《ひようりひきよう》の者」などと言われたかもしれないが、こうした選択は当時として珍しいことではない。直接仕えた白分の主君を裏切ったり、背いたりする武士は冷遇されたり、斬首されたりしたわけだが、真田のように一つの独立した国衆がどこと連合を組もうと、それはやむを得ない。秀吉もそのこと自体は認めている。同じような選択をしても滅びてしまった大名は当然いるわけで、非常に昌幸には才覚があったのだと思う。

現代の人たちが真田の生き方から学ぶことがあるとすれば、やはり、いくつか大きな相手に囲まれたとき、どのように身を処していくかということだろう。真田に関して言えば、上杉景勝のような一度約束すれば必ず守ってくれるような相手を見つけることが一つと、一方で単に大にまかれるだけでなく、仮に自分たちがどうなったとしても独力でやっていけるような内部の結束を強めるという二つである。

景勝は非常に信心深い人物だった上杉謙信の薫陶を受けている。当時の武将の発想の根底にあるのは、お坊さんから学ぶ仏教である。仏教でいう慈悲の心や弱いものに対する慈しみの心を持つということを子供の頃から結構教わるので、人を裏切るようなことはしないという教えを景勝は強く受けたのだと思うし、上杉に人質に出された信繁も景勝や側近の直江兼続からいろいろな話を聞くことで、自然と「義」の精神が身についてきたのだと思う。

昌幸は謀将として知られた。わたしが監修した『江戸三〇〇藩物語藩史　北陸甲信越編』（洋泉社）でも触れているが、上田城は千曲川の分流が交錯する湿地帯にあり、その分流の中で尼ヶ淵と呼ばれる断崖を堀代わりに利用していた。本丸を尼ヶ淵の北側に配置し、そこからさらに北に半円形の曲輪《くるわ》を繋げた典型的な梯郭《ていかく》式（本丸を城郭の片隅に配置して周囲を他の曲輪で囲む）の縄張りである。平城ながら防御に大いに長けた城である。

敵が攻めてきた時にどう防御するか。これはだいたい相手がどこまで攻め込んでくるのかを考え、敵をできるだけ引き付けてから攻撃するというのが当時の最もポピュラーな戦術である。だから、敵を引き付けるために迷路のような作りにしたり、城を上る距離を長くするように空堀をつくるとか、塀や柵を何重もつくることによって相手を誘導していくのだ。天正13年（1585年）の第一次上田合戦に続き、慶長5年（1600年）の第二次上田合戦でも、昌幸は10倍以上の徳川軍を翻弄し、ついに城を守り切っている。昌幸はこうした戦術にたけた築城巧者だったようだ。

自分が武士として相応しい行動をしているか？

戦国武将というのは、とにかく家を残すという使命感が強く、先祖に対しての義務感のようなものが強かった。だから、立派な武士たちは家族や盟友に向けた多くの手紙を残している。

真田宝物館をはじめとする博物館などに行ってみると、真田家に関していろいろな史料が残っている。とくに豊臣時代以降の貴重な手紙などの史料も数多く残されている。こうした史料を残すことは、自分たちの家系の正当性を示すものだから、真田に関わってきた人たちの藩祖、つまり藩をつくってきた人々に対する尊敬の念が非常に強く感じられる。

また、武士というのは、非常に名誉を大事にする。自分が武士として相応しい行動をしているかどうか、そのことを他人からどう思われているかを非常に気にしていた。自分たちの武士としてのあり方というものを問うていた。

だから、昌幸をはじめとして立派な武将になればなるほど、多くの軍記物や中国の古典を読んだり、周りからいろいろな話を聞いたりすることで自然と武士としての正しい振る舞いや正しい姿を自分に照らし合わせて生きてきたのである。

実は信繁が兄で、信之が弟だった？

わたしは、父子で東軍と西軍に分かれたというのは、必ずしも昌幸が真田家を残そうと考えて両天秤にかけた末の決断ではなかったと考えている。それぞれの義理があって、独立した武将としての苦渋の決断だったのだろうと思う。昌幸についた信繁は豊臣政権の中心メンバー・大谷吉継の娘を妻にしており、信之は徳川家の家臣・本多忠勝の娘を妻にしているわけだから、それぞれが戦になったら別々の道を進むのが当然だったのではないか。だから、本当は一緒に戦いたいのだけれども、ここで別れるしかないということで、父子が別れることになったと思うのだ。

また、ある週刊誌のインタビューでも申し上げたのだが、わたしは実は信繁が兄で、信之が弟だったのかもしれないと思っている。なぜなら彼らの幼名は信繁が源次郎、信之が源三郎だったこと。そして、信繁は上杉景勝や秀吉の人質に出されるが、相手からすれば長男を人質に取りたいと思うはず。信繁が京で豊臣政権の中心メンバーの娘を妻にし、信之が上野に残り徳川家の家臣の娘を妻にしたのを見ても、本当は信繁が長男で主流に近く、信之が次男で傍流に近かったと考えるほうが辻褄が合うのではないだろうか。

それが関ヶ原の戦いで信之が歴史に残ったことから、あくまでも最初から徳川家に忠実だったということにするため、信之を長男としたのではないか。わたしはそんな想像すらしてしまうのだ。

豊島岡女子学園理事長
國學院大學名誉教授
二木謙一

「若手登用、適材適所、
戦国時代の経営は
今に生きている」

血筋や家柄ではなく、才能や実力で成り上がった戦国時代

これまで、わたしは１９９４年の『花の乱』にはじまり、『秀吉』や『毛利元就』、２０１４年の『軍師官兵衛』など、20年間で14のＮＨＫ大河ドラマの時代考証・風俗考証を手掛けてきた。ＮＨＫの大河ドラマは今回の『真田丸』で通算55回目。そのうち20ぐらいが戦国時代を舞台にしている。

なぜかといえば、幕末の志士であれば基本的に皆下級武士だからいちいち人物に説明を加えなければならないが、織田信長、豊臣秀吉、徳川家康といった戦国武将は視聴者に対して説明がいらないからだろう。これは戦国大名をテーマにしたゲームが数多く出ていることとの関係があるのかもしれない。

また、戦国時代は現代と似たようなところがある。

まずは実力主義であること。戦国時代以前の室町時代までは、出自による身分が定められていた。重臣の子は重臣に、下級武士の子はどんなに有能であっても下級武士。家来がいくら頑張ったところで全てが主人の手柄になってしまう。どんなに個人の才能があろうと、家柄で全てが決まってしまう時代だった。

一方、戦国は血筋や家柄ではなく、才能や実力で立身出世した人物が多い。秀吉が百姓の出身だったことは有名だ。秀吉にしろ、毛利元就にしろ、はじめは創業時の個人商店のようなもの。それがやがて中堅企業になり、大企業になり、上場企業になっていく。そういうサクセスストーリーに多くの人が魅せられるのだろう。

また、いまの日本の主要都市のほとんどが戦国時代の城下町だということ。大阪は秀吉、江戸（東京）は家康、仙台は伊達政宗、福岡は黒田長政、金沢は前田利家といったように、人口十万人以上の地方都市の多くが、戦国大名が開いた城下町。みなルーツは戦国時代にあるのだ。

文化的な影響も大きい。和服や茶道といった現代に連なる日本文化も、その多くが安土桃山時代に完成されたもの。絵師・狩野永徳一門にふすま絵を描かせたり、千利休に茶をたてさせるなど、あらゆる芸術家を集めた場所が信長の建てた安土城だった。鋳金や金銀散りばめたような、最高の文化を表現していたのが当時の城だったのである。

男性の紋付袴に女性の打掛け、小袖といった着るものも戦国に発達したものだし、髪形も室町まで女性は垂髪。それが慶長に入ってからは髷ができて、着物の帯も紐みたいに細かったものが幅広になった。これらはみな戦国になってからである。

また、この頃から南蛮文化が入り始めたことも記しておこう。それまでは中国の唐天竺しかなかったものが、スペインやポルトガルあたりから南蛮文化が伝わってきて、金平糖や砂糖、カステラといったお菓子が食べられるようになった。もっといえば、秀吉が太閤検地で租税制度のもととなる戸籍と土地台帳をつくった。日本の歴史の中で政府が日本全国の土地を把握したのは秀吉が初めて。だから、現在の文化につながる部分がとても大きいのである。

真田は一流の大名ではなかった

今回のドラマの主人公は大坂の陣で名を馳せた真田信繁（幸村）である。冬の陣では、「真田丸」と名付けた砦を拠点に奮闘し、夏の陣では壮絶な討ち死にをし、敵方から「日本一《ひのもと》の兵《つわもの》」と呼ばれた。のちに講談で猿飛佐助ら忍者軍団「真田十勇士」を率いて大活躍したのだから、これほど日本人好みのドラマもない。

ただ、真田は小大名で一流の大名ではなかった。豊臣政権の中で、真田の位置づけはせいぜい50番目ぐらいのもの。豊臣政権は官位制度をとり、秀吉は関白、家康は内大臣、毛利や上杉は中納言、次に参議、中将、少将、侍従と続き、すべてが決まっていた。だから、その下の身分の昌幸は黒田官兵衛より下位にあったのである。

それゆえ、真田家に関する史料はそれほど多くないし、信繁に関する史料はほとんど残されていない。真田家は軍功によって武田信玄に取り立てられた祖父の幸綱、そして軍略家の父・昌幸、関ヶ原の戦いで敵・味方に分かれる兄・信之（信幸）と3世代がセットになって語られることが多い。しかし、今回のドラマでは初回に武田家が滅亡し、幸綱も出てこない。

われわれ歴史家であれば、史料のない話は書けない。しかし、数少ない史料をもとに1年間で約50回のドラマを仕立てるというのだから、脚本家や制作スタッフの力量は本当にすごい。

信長、秀吉、家康　三者三様の組織づくり

戦国大名にとって戦争は大きな博打である。勝てば領地、領土を奪い取るかもしれないけど、負ければ死ぬかもしれない。それは自分だけではなく、家族や家臣すべてが失業し、路頭に迷ってしまう。ましてや上杉謙信などは生涯に70回ぐらい戦争をし

ている。たとえ一つの戦争で勝ったとしても、次の戦争が待っている。だから一回で終わりではない。関ヶ原の戦いは、日本中の大名が博打を強制的にやらされたようなもの。日和見、中立的な立場は許されず、東軍か西軍のどちらかにつかないといけないということで、大方の大名は去就をせまられた。

戦国大名はつねに極限状態の中で生きるか死ぬかの選択を強いられている。そのプレッシャーたるや、相当なものだったはずだ。だから、トップに必要なことは人よりも先をきちんと読んで、見抜く。そして実行することである。そのすべてが命を懸けた決断の連続であるから、軍略家の昌幸といえども相当頭を悩ませたに違いない。

真田のような中小大名は巧みに生き残り、こっちについたりあっちについたりしながら家を守っていく。昌幸はいまでいうゲリラ戦のような小規模戦争が上手であった。だからといって、豊臣政権のような大規模な戦争の軍師がつとまるかといったら、そう簡単なものでもないだろう。

トップには組織を束ね、そして失敗してはならないという重要な使命がある。その組織の作り方も信長、秀吉、家康で三者三様であるから面白い。

信長は弟の織田信行と家督争いをしていたこともあり譜代の家臣が少ないという状

況の中、今川義元との桶狭間の戦いに勝って、一気に世に躍り出た。いってみれば、個人商店から10年くらいで日本の3分の1を支配するまでの巨大企業にのし上がった人物である。次々に新しい人材を登用し、時に秀吉や明智光秀を競争させながら、年功序列ではなく実力主義で政権をつくったのが信長流だ。

これに対し、秀吉は百姓の出のため武士の人脈が少ない。だから、正室おね（北政所）の親戚や、秀吉と同郷の加藤清正、母なかの遠縁にあたる福島正則などを家臣にした。そして蜂須賀小六や美濃川並の地侍のようなゲバルト集団を集めて、のし上がった。

ところが、初めはそれで良かったけれども、天下を取り10万、20万の大軍を動かすような状況下では、今でいうコンピューターのような、武器弾薬の輸送、食料調達、あるいは計算能力のあるテクノクラートが必要になる。そこで石田三成など、奉行と呼ばれた人材を重用するようになった。ところが後に、加藤清正など制服組の武将派と石田三成など背広組の奉行派との派閥の対立を生んでしまう。

こうした世界を見てきているから、家康は人事に長けていた。家康は信長の下でも秀吉の下でも冷遇され、人生の半分を家来として過ごした人物だから、人間関係の機微を熟知している。そこに信長の先見性や秀吉の気配りといった事を学びとってきたのだから、人の使い方は非常に上手かった。これは組織を束ねるトップとして絶対に必要な力である。

学校改革の知恵はすべて戦国武将から学んだ

実はわたしが戦国武将たちの人使いが、本当の意味で理解できたのは、現在の学校経営に関わるようになってからだ。

もともと、わたしは約40年、大学で日本中世史（戦国史）を教えていた。ところが、豊島岡女子学園の校長をやっていた父が病気になり、縁あって、2003年から校長になり、そして2011年から理事長をつとめている。だから、中学、高校の教員経験はないのだけれど、ここで実践したことは信長や秀吉など、戦国武将の経営戦略や人の配置の仕方に学んでいる。

例えば、生徒を伸ばすためには、まず教員を伸ばさなければならないということで、教職員組織の改革を行った。

豊島岡における2003年までの教員組織は、校長・教頭と教務主任の下に、中高の各学年主任が置かれていた。そこでわたしは教務主任を廃止して、新たに一般企業や大学のような部長制度（教務部長、総合企画部長）を新設し、その下に３つの主任会議と24の主任を置いた。また、新たなＩＴ時代に対応する形で情報システム主任とメディア管理主任を増員した。そして主任は従来のような40代後半から50代が中心ではなく、30代、40代の若い教員を登用。組織の活性化を図った。

この結果、教員一人ひとりの責任と自覚を促し、自分たちの学年だけではなく、学園全体を考えて行動できる教職員を養成することができた。

学校という職場は授業を中心に日々の業務に忙殺され、毎年この時期にはこれをしなければならないと決まった仕事だけをこなしていく習慣が身についている。だが、それでは時代の変化に対応できず、旧態依然とした授業を繰り返すことにもなりかねない。そのような固定化を避けるための改革であった。

これが結果に結びつかなければ教職員の反発を買うだけだったかもしれないが、結果的にわたしが校長になった当初、10人いるか、いないかだった東京大学の合格者が今では40人を超えるまでに躍進。学校全体が活性化し、教職員の一体感がより強まったと感じている。

わたしのこうした改革の基本構想はすべて歴史から学んだものである。例えば、人使いの名人と呼ばれた武田信玄。「人は城、人は石垣、人は堀、情けは味方、仇は敵なり」と人の大切さを説いた信玄のように、若手登用、適材適所を心掛けた。それが戦国流の人使いであり、これを読者の皆さんが自分たちの学校経営や企業経営で実践してもらえれば、歴史学者の一人として、わたしも嬉しい限りである。

真田信之肖像（真田宝物館所蔵）

『真田信之（信幸）』

真田昌幸の長男、松代藩初代藩主。関ヶ原の戦いで父・昌幸、弟・信繁と袂を分かち、合戦後に名を「信之」に変えた。家康に従い、父と同じ「幸」を使うことを憚ったものとされる。

その後、徳川幕府の大名として沼田藩3万石、松代藩10万石の藩主の地位を築いた。信之をはじめとする歴代藩主は、町づくりや産業振興に尽力。質素倹約を励行するとともに文武を奨励し、廃藩・廃城となる明治維新まで現在の城下町・松代の礎を築いた。

沼田城主として11年間、上田城主として23年間、松代藩主として35年間をつとめあげた信之は91歳まで当主。93歳で亡くなるまで、動乱の時代を長く生き抜いた。

第4章
信州の精神風土

上田市立博物館館長・倉澤正幸

上田藩の城下町がそのまま現在の上田市の中心地に

ＮＨＫの大河ドラマ『真田丸』が始まったことで、上田市立博物館も大変な賑わいです。市民の皆さんも真田氏に対する思い入れが本当に強くて、大河ドラマ実現の署名活動では大勢の方々にご協力いただきました。一昨年の5月に『真田丸』放映が決定し、それ以降、当館でも別館をオープンして、より多くの真田氏関連の展示を増やして、お客様をお迎えしています。

昨年から、各地の教育委員会・博物館や個人の方が所蔵する真田氏関係の書状などのレプリカ（複製）を作成させていただき、展示を行っています。また真田氏や上田城の歴史を紹介する映像も制作し、ミニシアターとして展示室で公開しています。例年ですと信州の冬場は寒さが厳しいので、お客様は1日に数十名ほどですが、今年は数百名、多い時には１５００名ほどの来館者がお見えになっています。

上田城は真田信繁（幸村）の父・昌幸によって、徳川家康の勢力を利用して天正11年（１５８３年）に築城が開始されました。その後、天正13年（１５８５年）と慶長5年（１６００年）に2度にわたり徳川の大軍に攻められますが、昌幸は優れた知略

倉澤　正幸氏

で見事に撃退し、その名を広く知られました。

関ヶ原合戦後、上田城は徳川方によって破却されます。現在の上田城の櫓や石垣は、江戸時代初期の寛永３年（１６２６年）、真田氏の後に小諸から入った仙石氏によって大改修され、復興されました。ただし、城の縄張り自体は、真田時代の上田城を踏襲したと考えられます。

城の南側、今は十数メートル崖下の駐車場や広場になっている所は、かつて千曲川の分流が流れ、水量が多く尼ケ淵《あまがふち》と呼ばれ、天然の広大な堀の役目を果たしていました。

天正13年の第一次上田合戦では、攻める

徳川軍は7千余名、これに対して真田軍は2千名足らずといわれています。真田父子は、敵を城の二の丸付近にまでおびき寄せてから猛反撃に出ました。街路に仕掛けてあった千鳥掛けの柵は進入時には入り易く、退却時には迷路の役目を果たし、混乱する徳川軍を大勢討ち取り、敗走させたと伝えられています。

上田城から東に4キロほど行った所にある神川《かんがわ》付近では、徳川勢に大打撃を与えました。江戸時代中期に記された『上田軍記』には「安房守（昌幸）がかかれと下知して一斉に突いてかかった。折から神川の水がおびただしく増し、敵兵の半分以上が水におぼれてしまった」などと、激しい戦闘の様子が描かれています。長男・信之の閏《うるう》8月2日付、沼田の家臣宛の手紙にも、「遠州（徳川）勢を国分寺付近で千三百余討ち取った」とあります。

話は変わりますが、上田市の東側に東御《とうみ》市があり、江戸時代に北国街道の宿場町として栄えた海野《うんの》宿があります。そこに古代からの歴史がある白鳥神社が鎮座し、この本海野地域が、平安時代から東信濃の有力な豪族として栄えた海野氏のルーツといわれています。この海野氏の一族が真田氏と考えられています。

昌幸時代の上田城は、元和年間（1615～24年）に作成と伝えられる絵図などから、惣構《そうがまえ》の内側に城と町が入っていたとみられます。この町が真田氏と縁の深い海野郷から人々を呼び寄せてつくられ、海野町と呼ばれました。次の信之の時代になると惣構の外側に城下町が拡張され、原町などが形成されました。この地域は上田藩の経済の中心地になり、現在も一番の繁華街です。

昌幸は一筋縄ではいかない老獪な人物

ドラマの主人公・信繁は、大坂夏の陣で家康の本陣に三度も突入して、家康を窮地に陥れる大活躍をしました。国宝の島津家文書、慶長20年（1615年）6月11日付の島津家久とみられる人物が国許に宛てて出した「某《なにがし》条書案」には夏の陣の状況が記され、「真田日本一《ひのもといち》の兵《つわもの》、いにしえよりの物語にもこれ無し」と敵の信繁を褒めています。その後、江戸時代の寛文12年（1672年）に書かれた軍記物の『難波戦記』には、初めて「幸村」の名前が登場します。特に大坂の庶民の間では、たいへん人気がありました。

江戸時代の中頃から末期に書かれた物語の『真田三代記』には、幸村の大坂の役での奮戦ぶりが描かれています。後にこれが発展して大正時代の初めに「真田もの」の講談読み物が立川文庫として出されました。大正3年（1914年）には『真田三勇士忍術名人猿飛佐助』が出され、続いて由利鎌之助、霧隠才蔵を真田三勇士として三部作が創られ、その後も増えて真田十勇士が誕生しました。江戸時代も後期になると、講談や歌舞伎に取り上げられて真田幸村は大人気でした。特に豊臣贔屓の上方の庶民たちは、太閤秀吉の息子の秀頼に最後まで忠実に仕えて、華々しく散っていった幸村に対して、深い共感を覚えたのでしょう。

真田信繁は、ふだんは物静かで、落ち着いた感じの人物だったようです。兄・信之の語った信繁の人物評として、江戸時代後期に松代藩主、真田幸貫の命令で家臣の河原綱徳が編纂した『真田家御事蹟稿』には「物事に対する態度は柔和で忍耐強い。言葉は少なく、怒ったり、腹を立てたりすることはない」と記されています。

また姉・村松殿に宛てた手紙を見ると、大坂冬の陣の後、何事もなく無事でいるから安心するよう姉に報告し、心配をかけないように気遣っています。なお、武将宛の手紙は漢字を多用したものが多いのですが、女性・子供宛のものは平仮名が用いられました。姉宛のこの手紙も平仮名がほとんどで、分かり易い、柔らかい文章です。

こうした物静かな優しい信繁ですが、いざ合戦となりますと、父・昌幸が身近に仕えた武田信玄直伝の兵法を身につけた勇猛さが、前面に出てきます。そうでなければ、大坂冬の陣で手薄な大坂城の南東方に真田丸を築き、徳川の大軍を撃退することはできなかったでしょう。

天正14年（1586年）、上杉景勝の上洛を秀吉が労う内容の書状で、昌幸は秀吉から「表裏比興《ひょうりひきょう》の者」と評されました。比興は「卑怯」の当て字が用いられる言葉ですが、当時は食わせ者、老獪といった意味で用いられました。昌幸は一筋縄ではいかない老獪な人物として一目置かれ、恐れられていた武将であり、過酷な戦乱の時代を生き抜く武将にとって「表裏比興」は褒め言葉であったと考えられます。

真田家の人々は、本当に団結力が強かったのではと思います。慶長5年（1600年）の関ヶ原合戦の後、昌幸と信繁は近臣や妻子と共に九度山に蟄居となりました。当時の生活費は信之（信幸から合戦後に改名）による国許からの仕送り、宿坊として関係の深かった蓮華定院や和歌山藩主の浅野家からの援助金が主なもので、苦しいものであったと推測されます。

年次不詳の正月5日、九度山の昌幸から国許に送られた手紙には「蔵人（昌幸四男の昌親）から臨時の合力金（援助金）四十両の内、二十両は確かに受け取りました。

こちらは借財がたくさんあるので、残りの二十両も一日も早く届けてほしい」と書かれています。上田領と沼田領、合せて9万5千石の領主となった長男の信之は、九度山で蟄居生活を送る父や弟などの面倒を実質的に見ていました。信之は表向きは徳川家に忠誠を尽くしていましたが、陰では真田家全体を支えていたと考えられます。

真田氏は領土や領民に対する強い執念があった

上田城から北東へ10数キロ行くと真田氏発生の地、現在の上田市真田町があります。北東には日本百名山の一つ、標高2354メートルの四阿山《あずまやさん》がそびえ、中央には四阿山を水源とする神川が流れています。

この地域は古代から中世にかけて牧《まき》が経営され、良馬を生産し、真田氏も牧の経営に関与して勢力を伸ばしたとも考えられています。また真田地方は古くから山家郷《やまがごう》と呼ばれ、その中心部に山家神社があります。山家神社の奥社は四阿山山頂に祀られ、里宮の山家神社は中世から近世にかけて白山社と呼ばれ、白山大権現が祀られていました。平安時代後期から近世まで、山岳信仰の修験道が盛んになりました。

戦国時代の信州の気候は、温暖化した現在と異なり、冬期の寒冷や降雪はより過酷であったと推測されます。真冬にはマイナス20度前後になったとみられます。織田・徳川の本拠地の肥沃な平野が続く尾張・三河や、北条氏の勢力が強かった関東諸国に比較すると、山国で平坦地が少ない信濃は食料生産をはじめとして、生産力は相当低かったと考えられます。

稲作技術や灌漑設備が発達した現代と異なり、冷涼で傾斜地の多い山間部の真田郷で、戦国時代の人々は質素な生活を営んでいたと思います。食生活も豆・そば・胡麻などの雑穀類や芋類などが中心であったと考えられます。こうした厳しい自然環境の中で、真田氏は勢力を伸ばし、戦国時代を逞しく生き抜きました。

真田氏は領土や領民に対する強い執着もあったと思います。信繁の祖父の幸隆（幸綱）は天文10年（1541年）、海野平の合戦で敗れ、所領をすべて失い上州へ逃れました。その後、武田信玄の配下として頭角を現して旧領を回復し、上州吾妻郡の岩櫃城の城代をつとめました。

三男の昌幸は利根郡の中心であった沼田城を天正8年（1580年）についに攻略し、上州に所領を拡大しました。最終的に昌幸は、信州上田と上州沼田の両国にまたがる、距離が100キロにも及ぶ広大な領土を自力で獲得しました。

武田信玄が甲府盆地西部を水害から守り、新田開発を行うために「信玄堤」を築いたことはよく知られています。信玄の薫陶を受けた昌幸も領民を大事にし、無闇に課役（税金）をかけず、領民の負担を減らしたと云われています。

北国街道の宿場町であった上田城下町には、江戸時代初期の信之の時代から旅人のための宿が整備されていました。上田市の近郊には古くからの湯治場で、真田の武将たちが傷を癒したとも云われる別所温泉をはじめ、幾つもの温泉があります。

長野県は200以上の温泉を持つ温泉王国です。ぜひ信州の温泉に浸かりながら、戦国時代に大活躍した真田氏について、思いを馳せていただけたらと思います。

真田幸村（信繁）画像（上田市立博物館所蔵）

『真田信繁（幸村）』

真田昌幸の次男。旧武田領をめぐる争いの中で上杉家の人質に出される。その後、豊臣秀吉の人質となり、関ヶ原の戦いでは上田城で父と共に徳川秀忠と戦う。しかし、関ヶ原の戦いで西軍が敗れたことにより、紀州・九度山（現在の和歌山県）に約15年間も幽閉された。「日本一《ひのもと》の兵《つわもの》」と称され、徳川勢をあと一歩のところまで追いつめたが、大坂夏の陣で討死した。

幸村という名は『難波戦記』など、後世の軍記物や講談本のみに書かれているもの。信繁死後の架空の名称だが、今では幸村の方が有名だ。

第5章

真田の精神風土で育った
幕末の志士・佐久間象山

老荘思想研究家　田口佳史

鋭い感性と柔らかい頭脳、豊かなイマジネーションを持っていた

松代藩士の中級武士の家に生まれた佐久間象山は子供のころから学問や武術を習い、松代藩の8代目藩主・幸貫によって見出された幕末の思想家です。勝海舟や吉田松陰、坂本龍馬など多くの門下生がいることでも知られています。

佐久間象山についての要点は3点あります。

まず佐久間象山という人がどのような人物かであります。大体において人間は幼年期にその人物の特性が現れるというふうに言われておりますが、佐久間象山の幼年期で一番忘れてならないエピソードがあります。それは、彼がまだ小さい頃、自分の父親の剣術道場で稽古に励んでいる時、そこに幸貫公が様子を見にきた。その時に彼の太刀筋を見て「褒美を取らせたい、何が良いか」というふうに言った。

それに対して佐久間象山は、「折り入ってお願いしたいことが一つあります。それは産みの母が父上の召使いという身分でいるので、私は母の名を呼び捨てにしなければなりません。これは、子供としてとても心苦しいので、ちゃんと名前を呼べるようにして頂きたいというのが私の願いです」と言ったんですね。それに対して、幸貫公

田口　佳史氏

は「良くわかった。そうしてあげよう」と。どうするのかなと思ったら、幸貫公から即刻、母親に対して呼び出しがあったんですね。つまり、簡単に言うと将軍、藩主、殿様にお目通りが許されれば、これはもう「士分」になるので、格が一つ、二つ上がるわけですね。ですから、お目通りにしてやろうと言って、藩主が呼んで、母親がお目通りをして、その日から母親も士分になって名前を呼ぶようになった。こういうエピソードがありますが、子供らしからぬ願いであります。

これも一つ、佐久間象山を語る時の要点だと思います。

もう一つの要点は、佐久間象山の蘭学の

勉強法です。

人生でいえば晩年になってオランダ語を学ぶわけですが、彼はオランダ語の達人と一緒に寝起きをして、一切日本語を使わずに、すべてオランダ語で暮すという徹底ぶりでありました。そのオランダ語の徹底ぶりで、もう驚異的にオランダ語が上手くなり、オランダ人に対していろんな質問が出来るし、オランダ語で全て学ぶことができたということです。彼のこの、要するにわき目もふらぬ徹底ぶりという集中力、これはやっぱり非常に彼を表している要点だと思います。

三つ目の要点は彼の残した門下生であります。

よく伝わっている勝海舟、吉田松陰、坂本龍馬とか、いってみれば維新の以前の人達、それはもう皆よく知っているところなんですが、実は佐久間象山の凄さは、その近代日本のスタートを飾る、いわゆる啓蒙主義の第一線に立っている人達が、こぞって佐久間象山塾の生徒でありました。どういう人かといえば、東京大学の総長であった加藤弘之、それから法体系の整備に貢献した津田真道、それから西村茂樹という、こういう日本の近代化、特に法学に非常に貢献した人達。何しろ、近代国家というのは法体系の整備を以てその特長と為すわけでありますから、法体系が完備、整備されていなければいけない。それを背負って立った多くの人達はほとんど佐久間象山の弟子でありました。これは何を表すのかというと、考え方、それから物事の受けとめ方が西洋近代思想を先取りしているようなそういうものであった、非常に先進的、先駆性というものを佐久間象山は持っていたという事の証しだと思うのですね。そういう点も佐久間象山を語る時には、欠くべからざる要点だということであります。

東洋思想には西洋思想をも育めるだけの広がりがある

佐久間象山は真田の精神風土の影響をかなり受けています。彼がいつも言っていることは、自分が手本にしているのはご先祖の戦国時代の武将であると。そうやってどこか古風な武士道みたいなものが残りつつも、一方で欧米から先端的な技術を学ぶことの重要性を説いた人です。特に面白いのは、佐久間象山は「これからの国は東洋道徳、西洋芸」と言った。つまり、近代国家の原理原則である道徳は東洋から出すものだ、しかし、技術については西洋が１枚も２枚も上手だということを見抜いていました。もっといえば、西洋の技術は優れているけれども、その技術に道徳はあるんですか。技術だけを取り入れると非常に危うい国家になってしまうから、東洋の道徳をしっかり基盤に据えて考えるべきだ、ということを言っているわけです。

佐久間象山は何に目覚めたかというと、天保11年（１８４０年）のアヘン戦争で目覚めた。イギリスによって清（現在の中国）が滅茶苦茶にされたということを、あたかも自分の国に西洋列強が襲ってきたかのように考えたのです。それも鋭い感性と柔らかい頭脳、そしてイマジネーションを持って。

どうしてそれが分かるかというと、彼は天保13年（１８４２年）に、幸貫にあてて海防の重要性を説いた『海防八策』を提出しています。どれも西洋を上回る立派な兵法です。これがすごいのは、浦賀にペリーがやってきたのは嘉永6年（１８５３年）ですから、黒船を見て右往左往するのではなく、ペリーがやってくる11年も前から事前に準備をしていたということなのです。ここが非常に重要なところでして、今後自分たちの国家がどうなっていくのかということを、決して対岸の火事とせず、それはやがてこっちにもやってくるだろうという危機感を持って受け止めたということがすごいのです。

ペリーの来航というのは、言ってみれば西洋列強が近代兵器を持って日本に押し寄せて開港を要求し、侵略に来たようなものです。これをほとんどの人は国家体制の国家体制による挑戦と考えたわけです。ところが、佐久間象山はそんな閉鎖的な国家論で考えたのではなく、西洋近代思想の東洋思想に対する挑戦だと受け止めたわけですね。そこで佐久間象山は東洋思想を徹底的に読み直し、西洋思想を凌駕する部分を発見することがこの国難をカバーする最大の方法だと言うのです。この発想の広さにわたしは感銘するのです。

新たな21世紀の指針をつくることが日本の役割！

東洋思想には「一即多《いっそくた》」という発想があります。一即ち他。つまり、物事は同じように見えて多様なものがあり、多様なもののように見えて結局は一つであると。たとえば、宗教一つとっても仏教あり、キリスト教あり、イスラム教があるわけです。これらはそれぞれ違いがあって、それぞれに貴重な存在です。しかし、何か一つ共通項はないかと考えて、東洋思想が持ち出すのが生命重視ということです。要するに、生命重視といわれたら国の違いも、宗教の違いも、民族の違いもすべてを乗り越えることができるではないか。だから東洋思想には西洋思想をも育めるだけの広がりがあるんだよということを伝えることで、最も的確に国難を回避する方法なんだということを佐久間象山はいっています。

東洋思想とはすべてが共生の思想で、神道からくる八百万の神と一緒で、地球上のあらゆるものを凌駕するという考え方。そこには何の違いもなく、もっといえば人間だろうが、植物だろうが、鉱物だろうが一緒だよということなんですね。そういう共生の思想でもって西洋人を口説くことが一番いいんだというわけです。

実はわたしが知る限り、佐久間象山と同じような考え方をしたのは他に一人しかいません。それは肥後の横井小楠です。彼らは人間であれば望んでいることは皆同じであると。多くの人は貧困は嫌だし、トラブルも抱えたくない。そういうことなく皆が幸せを望んでいるというのが共通項なのだから、どうして皆で幸せになろうと働きかけないのか？　と。余談ですが、結果的に残念ながら二人とも惨殺されてしまいます。それであるが故に、後の明治時代の日本の指針を示すべき構想係がいなくなったことは本当に残念に思います。

実はこの話、いまの21世紀にもそっくりそのまま当てはまる話です。21世紀は東洋と西洋の知の融合を目指すべきだとわたしは考えていますが、それこそが21世紀のポイントであり、日本の役割なんです。

昔むかし、４５０年くらい前の真田は上杉や北条、徳川という大国に囲まれながら、その時、その時の最良な選択をし、混乱の時代を生き抜いてきました。いまの日本も周囲を大国のアメリカと中国に挟まれ、当時の真田と似たような境遇にありまず。だから、わたしはいまの日本が真田から学ぶことはあると思うんです。

全てがすべて何かを忌み嫌ったり、諸手を挙げて賛成するのではなく、もっと自分の意見やポジションを心得て丁々発止やり合えばいいのです。相手がアメリカだろうと、中国だろうと、はたまたロシアであろうと、いいところはいい、悪いところは悪いといって、解決策を探っていけばいいのです。

日本には幸いにして、儒教、仏教、道教、禅、そして神道という5つの東洋思想が根付いています。これらを「儒仏道禅神道」と言いますが、こうした東洋思想の本場ともいえる日本だからこそ、21世紀の指針をつくっていくべきです。佐久間象山が言ったように、今も技術面では西洋が一枚上手です。でも、内面の充実や道徳的なものは東洋が勝っている。そうした東洋と西洋のいいところを出し合って、新たな21世紀の指針をつくることができるのは日本しかないし、わたしはそれが日本の役割だと思うのです。

象山神社前の佐久間象山像

『象山神社』

幕末の思想家・佐久間象山は文化8年（1811年）、松代藩士・佐久間一学の長男として生まれた。子供のころから学問や武術を習い、松代藩の8代目藩主・真田幸貫《ゆきつら》によって見出された。東洋の精神文化と西洋の物質文明の両方に通じており、勝海舟や吉田松陰、坂本龍馬など、多くの門下生がいることでも知られている。

幸貫老中の海防顧問として、海防の重要性を説いた『海防八策』を幕府に上申した他、オランダ語を学んだり、自作で大砲や電線をつくったりと、時には教育者として、時には政治家や科学者として、いくつもの顔を持っていた人物である。

第6章
わたしと真田
～信州出身経営者が思うこと～

東京急行電鉄相談役
上條清文（松本市出身）

「信州の精神風土が磨き上げた
真田の〝負けず魂〟」

武田家滅亡の後、最後まで生き抜いた真田の精神に関心

真田昌幸は信玄公の近習、参謀を務めたりして、武田の臣下として仕えました。武田3代は勝頼で滅びたわけですが、勝頼が昌幸の言うことを聞いておれば、武田の命運はどうなったのだろうかという関心があります。勝頼が、織田・徳川連合軍に攻め入れられて落ち延びるときに、真田昌幸から真田の領地へ行くことを薦められるが、結果的に小山田信茂の言うことを聞いて大月へ出向こうとする。しかし、結局、小山田の裏切りに遭い、勝頼は天目山で自決。ここに武田3代が滅びるわけです。

新田次郎の名著『武田信玄』の中に昌幸のことも詳しく書いてあります。真田の基礎を作った昌幸のことを新田次郎は次の著作で詳しく書くと期待していましたが、新田次郎さんが亡くなり、その夢も消え去りました。

わたしは長野・松本出身で武田家にも真田家にも関心がありますが、武田家の滅亡の後、真田家が列強に囲まれた中で生き抜いてきたことは非常に参考になります。

武田家の話に戻せば、勝頼は少しひ弱だったのかもしれません。真田家が武田家の臣下になった後、昌幸は信玄公の参謀として仕えました。信玄公から昌幸はいろいろ

なことを学び、また信玄公も昌幸を信頼し、育てました。それだけに昌幸は武田家に対する忠誠心が強い。信玄の後継者・勝頼に対しても、勝頼を守り抜くという気持ちは強かったと思います。

真田家は武田・上杉・徳川という列強に囲まれ、相当な緊張感の中を生きてきたのだと思います。簡単に大大名の軍門に下るとかいうことではなく、いい意味で意地を張る、いい意味の自尊心をもって生きる、何事にも負けないぞという気持ち。それは冬は寒く、夏は暑い、そして四季が豊かという環境の中で磨き上げ、信州の精神風土が作り上げていったものかと思います。

今、地方創生が叫ばれ、地方も自然や食べ物のほかに、自分たちの歴史を掘り起こすときが来ていますが、観光もそういったことを生かしていく時だと思います。

最後になりますが、真田の戦法も策略に長けたもので、とにかく生き抜くということは今日の経営者や多くの人々にも参考になると思います。

AOKIホールディングス会長
青木擴憲（長野市出身）

「真田のリスクヘッジ哲学は当社のポートフォリオ経営の基本」

真田家の菩提寺での座禅が人生を変えてくれた

１９３８年（昭和13年）、長野市篠ノ井というところで生まれました。篠ノ井は武田信玄と上杉謙信が一騎打ちをした川中島古戦場のすぐ近くで、子供の頃から戦国武将の話をよく聞かされて育ちました。

背広を行商して歩くことから始まったわたしのビジネス人生ですが、当初は夢と目標だけが大きくて、商売がうまくいかずにその日暮らしの日々が続いていました。創業間もない23歳の頃、わたしは真田家の菩提寺である松代長国寺に座禅に行きました。お寺では立派な和尚さんのもと、朝４時に起こされて座禅が始まる。座禅の後、和尚さんは真田家の歴史や代々の経歴も教えてくれました。そして、今はどん底だし、貧乏な生活が続いているが、どん底の中にも楽しみというのはあるんだ、焦らず正しい道を一歩、一歩歩いていれば大丈夫だと教えてくださいました。この言葉には本当に救われる思いがしました。

また、信州飯山にある臨済宗の名刹・正受庵《しょうじゅあん》では、般若心経の世界を改めて学ぶことができました。必要以上の在庫を抱え、周囲からは倒産の噂が立つ中、わたしは正受庵の住職、酒井盤山《ばんざん》和尚に「生きる覚悟」を教わったのです。

盤山和尚は「日々悩んだり、苦しんだりできるのは生きているからこそのもので、人間死んだと思えば何でもない。怖いものさえ無くなってしまうよ」と言ってくださいました。過去を色々いうよりも、死んだと思っていかようにもデザインできる未来に向かって輝いて生きていこう。わたしは何だかこの一言がすーっと腹に落ち、クヨクヨしていても仕方ない。前を向いて歩こうと思えるようになったのです。

なぜ真田家がのこり、武田家は滅びたのか？

わたしは20代の頃、徳川家康に関する本もよく読みました。真田家がここまで生き抜いたのは、もちろん真田昌幸の功績によるところが大きいのですが、違った考え方をすると、家康の度量の大きさもあったと思います。

なぜなら、家康の立場で考えるとよくわかります。上田の合戦で2度も負けて恥をかかされ、関ヶ原の戦いで勝利を勝ちとったものの、家康側の兄の信之に懇願され敵方だった父と弟を殺さずに許した。ところが、最後は九度山で蟄居生活を送っていた弟の信繁に、大坂の陣で家康自身が殺されそうになった。それでも信之のことを生かしたわけです。普通なら「お前の弟に殺されそうになったんだから」といって信之を殺してしまったとしてもおかしくない。それなのに信之を許した家康の度量の大きさに、わたしは感心します。

家康は今川家に人質に出されて、幼少のころから人を見抜く目を身につけてきました。逆境にあった時にどのような振る舞い方をするかで、人はどうにでも変わる。家康は恵まれない環境の中で苦労をしてきた。逆境の中で真摯に学び、物事をよく観察していたのだと思います。

現在もそうですが、何か国語も話すことができたり、微分積分ができる人はいますが、人の心を読める人は少ない。人の心が読めるようになるためには、試練の中で学び感じ取っていくしかありません。こうした経営者というかリーダーにとって大事なことを、わたしは家康の教訓として学ばせてもらいました。

また、真田といえば、父子の絆の強さが印象的です。たとえ、関ヶ原の戦いで父子が袂を分けたとしても、最後まで信之は父・昌幸と弟・信繁のことを気にかけていました。昌幸が仕えた武田家では信玄が父・信虎を追放したりして、父子の関係は良好なものではなかった。信玄の息子・勝頼も父との仲はあまり良くありませんでした。

父子の絆が深い真田家が現代まで生き残り、父子の仲が良くなかったと言われる武田家が滅亡したのはあまりにも対照的です。

いまの日本は、若い人たちがスマートフォンやゲームに集中して、親子の絆や人と人との関係が希薄になっているように思います。武田家ではありませんが、このままいったら日本も滅びかねない。日本再生、日本の復興を果たすカギは親子の絆を取り戻すことだと思います。

真田家の生き方から学んだ経営哲学

当社のビジネスは、わたしと弟の青木寶久（現ＡＯＫＩホールディングス副会長）が背広の行商をはじめたことが原点です。当時から大局的に物事を見るわたしと非常にきめ細かい視点を持つ弟と、兄弟セットで経営をしてきました。これも真田兄弟からヒントを得たことです。

企業経営において戦略を立てるときに、その基本となるのは謙虚に、かつ貪欲に学ぶことだと思います。われわれはチェーンストア理論をそのまま当てはめるのではなく、ファッションビジネスの世界にチェーンストア理論をアレンジして落とし込んでいく。そうして自分で考えながら、一つひとつ成長させてきました。

その中で、企業の継続性のポイントは後継者の育成につきます。わたしは自主的な行動を促すタイプ。弟は細かく指導をするタイプ。それぞれ違うタイプの兄弟が両輪となって社員の成長を促してきた歴史があります。

おかげさまで、当社は紳士服を中心としたファッション「AOKI」「ORIHICA（オリヒカ）」、結婚式場の「アニヴェルセル」、カラオケの「コート・ダジュール」、複合カフェ「快活CLUB」など、複数の業態を持つグループ企業として成長しています。

様々な業態を持つポートフォリオ経営は、リスクヘッジという意味合いもあります。例えば、同じ建物の1階に紳士服、2階にカラオケが入っていたら、昼間は1階でスーツを買っていただき、夜は2階で歌を歌ってもらう。また、雨が降るとスーツを新調しにくる人は少ないですが、複合カフェなら天気は関係ないとか。全く業態の違うお店を持つことで、どこかがダメでも、他のどこかで補うことができる。企業の継続性を考えたら、こういう体制になりました。実はこれ、真田家が関ヶ原の戦いで父子で袂を分かちながら、家を残した戦略と一緒なんですね。

つまり、真田家の影響はわたしというか、当社にとってかなり大きいものです。真田家では、家をのこした兄の信之と、武将としての名をのこした弟の信繁では役割が違います。父の昌幸が武田、上杉、織田、豊臣、徳川と次々に仕える人を替えながら真田家を残してきた。そうした子供の頃から聞かされてきた話が、われわれの企業経営でも参考になっているのです。

八十二銀行会長
山浦愛幸（東御市出身）

「母校と真田家とは切っても切れない関係があるのです」

「戸石城」ではなく「砥石城」

今年のNHK大河ドラマは『真田丸』ということで、長野県民の一人として嬉しく思います。

ドラマの初回の放送の後で上田高校の正門が写ったのですが、わたしは上田高校の卒業生です。真田信繁（幸村）の兄・信之が上田藩主となって以来、歴代藩主が構えていた居館跡地に上田高校があります。高校の正門は通称「古城の門」と呼ばれ、当時の居館の表御門として使われていました。校歌の3番にも「古城の門をいで入りて」というフレーズが出てくるほどで、上田高校と真田家とは切っても切れない関係があるのです。

普通、校歌はしんみりした歌が多いと思うのですが、上田高校の校歌はやたら元気がいい。歌詞の2番の「関八州《くわんはっしゅう》の精鋭を　ここに挫《くじ》きし英雄の　義心《こころ》のあとは今もなほ　松尾が丘の花と咲く」というのが印象的です。そういうことで、これは絶対に観ないといけないと思い、わたしも毎回テレビ放映を楽しみに観ています。

わたしの出身は、上田市の東側にある東御市というところです。東御市の滋野という場所で、昔は滋野村と言いました。ここはずっと昔に滋野氏という豪族がいて、その後分家した海野氏という有力な一族がいました。信繁（幸村）の祖父である真田幸綱は、この海野氏がルーツだという説もあります。

上田や東御など、小県のあたりにはたくさんの城跡がありますが、わたしも何度か砥石城に登ったりしました。砥石城は村上氏と武田氏の間で激しい争奪戦が繰り広げられた城で、最後は武田氏配下にあった幸綱が、砥石城を乗っ取ってしまったのです。ここは「戸石城」と表記されることもあるんですが、正確には「砥石城」です。実は城跡に向かう道路の入り口に「戸石城」と書かれた看板があるんですが、高校の時、これにえらく怒っている先生がいまして、「あれは戸石ではなくて砥石なんだ」と何度も聞かされたものです。

なぜ少数派の真田軍が徳川軍に勝てたのか？

そういうことで、子供の頃は真田家の本拠地だった上田城がすぐ近くですから遠足に行ったりしましたし、『真田太平記』を読んで、猿飛佐助に憧れたりもしました。面白くてあっという間に読んだ記憶があります。ただ、わたし個人のことで言えば、特別に真田家のことを意識したことはありませんでした。

ご存じのように、真田家は周囲を北条、上杉、徳川という大大名に囲まれて、それでも生き残るために父子で徳川方と豊臣方に分かれて家を残してきました。父子で分かれるという決断をした真田昌幸は本当にすごい。決して真似はできないけど、いろいろ考えさせられます。

ただ、昔から思っていたのは、長野県というのは非常に貧しいところで、そんな場所をなんで大大名が奪いたがるのかなと。盆地だから田圃はあったのかもしれないけれど、越後平野の方がよっぽど米は取れるし、海産物ももちろんない。「松本・伊那・佐久・善光寺」という言葉がありますが、これは土地の生産性というか、俵算の順番だという説もあります。だから、そんなに上田市や長野市は豊かな場所ではなかったはず。ましてや甲斐国の甲府商人のように商いに長けていたわけでもない。だから本当に不思議に思いました。

また、不思議ということでいけば、真田軍は上田の合戦で2度も徳川の大軍を蹴散らしています。もちろん、昌幸の戦略が優れていたということだと思うのですが、徳川ほどの大名にも優秀な軍略家はいたはずです。それなのに、少数派の真田軍が徳川軍に勝てたというのは本当に不思議です。

華美なものを好まず、堅実で真面目な長野県民

話は横に逸れますが、わたしは当行に入行して以来、本店のある長野市を中心に、小諸や松本、上田、伊那といくつかの支店に配属されました。そこで感じたのは、やはり、長野県というのは広くて、地域性が全然違うということです。

長野市のような北信地方と飯田市のような南信地方では人の往来もあまりないと思います。いまでも高速を使っても2時間半くらいかかるし、電車なら4時間くらいかかりますから、遠すぎます。

そもそも、長野市や上田市は高速道路や新幹線が開通したことで、みんな東京の方を向いています。松本市の人も中央線経由で山梨・甲府を通って東京に抜けるから、比較的東京を見ている。ところが、飯田市の人たちは完全に名古屋を向いているし、わたしがいた伊那市もどちらかといえば名古屋を向いているといえます。

一方で、長野県は海がないため、海産物は新潟県の上越市のあたりから、まずは長野市に入ってくる。上越の人たちも新潟市に行くよりも長野市の方が近いから、あの

辺は新潟県との交流も昔から盛んです。これもかつて真田家と上杉家の関係性が深かったことと関係あるのかもしれません。

先ほども申し上げたように、信濃国は貧しい国でしたから、みな真面目にコツコツやるしかなかった。今も長野県民はあまり華美なものを好まないし、堅実で真面目。長野は教育県と言われますが、確かに大学の教授になるような人も多い。ないないづくしでも知恵や戦略を駆使して生き残ってきたわけです。そうした真田に代表されるような創意工夫の精神というのは、今もそれなりに残っていると思います。

日本貨物鉄道（ＪＲ貨物）名誉顧問
伊藤直彦（飯田市出身）

「仲間たちを守るという
意識の強さが
真田父子の最大の特徴」

情報収集能力に優れていた真田昌幸

真田父子は親子愛、夫婦愛、兄弟愛……。本当に今の日本人が忘れてしまった絆を大事にしていた家族だと思います。特に真田家は大名ではなく、国衆にすぎなかった。それでも地域のリーダーだったわけで、領土や領民のことをすごく大事にしていた。自分たちの家族だけではなく、仲間たちを守るという意識の強さが真田父子の最大の特徴だとわたしは思います。

世の中全体が混乱する戦国時代。本当に生きるか死ぬかの時代にあって、真田父子は自分たちがいかに生き抜くかを考えてきました。特に父親の真田昌幸が有名な犬伏の別れで、関ヶ原の戦いの時に東軍につくか、西軍につくか考えて、兄弟がバラバラになるわけです。どちらが勝っても家が残るようにという判断だったといわれていますが、昌幸は最初から考えて分かれたのではなく、偶然そのような結果になったと考えるのが妥当ではないでしょうか。

いろいろな大名につきながら時代を生き抜いた真田家ですが、時には「表裏比興の者」と言われ、卑怯者扱いされたようです。しかし、別に初めから昌幸はこっちを騙して、あっちも騙してとか、そんなことを考えていたとは思えません。もちろん昌幸が知略や軍略に長けていた人であることは間違いないと思うのですが、わたしは結果的にそうなったと考えるべきではないかと思います。信義を大切にしていた人物です。

ただ、それでも動乱の時代を生き抜いてきたのには恐らくきちんと理由があって、いろいろな判断を下す上で情報収集能力が優れていたことは間違いないと思います。情報を伝えてくれるのが忍者だったかどうかは分かりませんが、とにかくいろいろな情報をいかに正確にいかに早くとらえて、自分の判断の基準にしていくか。現代のビジネスでもそっくりそのまま当てはまることを昌幸は実践していたのだと思います。

NHKの大河ドラマ『真田丸』を見ていて思うのは、真田家は家族を非常に大事にしていたということです。関ヶ原の戦いに敗れた昌幸や信繁の処遇を徳川家康がどうしようか考えている時、徳川軍についた信幸が家康に直訴して父と弟の命を守った。そして2人が紀州・高野山で蟄居生活を過ごしているときも、信幸は昌幸や信繁にあてて手紙を書いています。こうした家族思いの面を真田父子から強く感じます。

ドラマにも出てきましたが、兄の信之は大坂城にいる弟の信繁から手紙が来ないということを心配している。本当は信繁も手紙を書いているのですが、検閲されて石田三成に止められたと。そういうシーンがありましたが、本当にあの時代の人たちは飛脚を通じて連絡を取り合っていました。確かに電話やメールがない時代だから仕方がないと言えばそれまでですが、不便な時代だからこそお互いに連絡をとりたいと思ったただろうし、連絡がきた時の嬉しさも今とは比べ物にならないくらいだったと思います。現代のように通信機器の発達は非常に便利で有難いことですが、特に今の家族関係や親子関係、学校や会社における師弟関係が希薄になっている時代だからこそ、余計に絆の大切さを思わずにはいられません。

真田父子の仲がいいのは、子供の頃の人質生活がきわめて大きいと思います。昌幸は武田や上杉に仕えましたし、信繁も上杉や豊臣に仕えました。今は人質というと犠牲を強いるような言葉に聞こえますが、会社でいう出向とか、大学の留学に近いものだったようです。つまり、そういう場所で昌幸や信繁はいろいろなことを学び、人の使い方も覚えていったのだと思います。

わたしはよく若い社員に歴史を勉強しなさいと言っています。われわれが現代社会に生きていて、無意識のうちに忘れてしまった大切なものが沢山あると思います。人は歴史から学ぶことが多いのです。毎週『真田丸』を見ていると次のようなことを感じます。真田父子が活躍した戦国時代において、自分の先祖がどこで何をしていたかはわかりませんが、真田家と同じように生き抜いてきたからこそ現在の自分があるという事実。自分の先祖に思いを馳せる気持ちになります。

ルートイングループ会長
永山勝利（上田市出身）

「臨機応変に時代の変化に対応した真田哲学を継承したホテル経営を」

生き抜くため、真田の地を守るために諦めない執念

真田家が本拠地とした長野県上田市で生まれました。２０１１年（平成23年）に当社もＮＨＫの大河ドラマ放送の実現に向けて、ホテルに宿泊いただいたお客様などの署名を集め、約20万２５００名の署名を母袋創一・上田市長に提出させていただきました。もう5年も前の話ですが、本当にドラマ放映が実現し、嬉しく思います。

小さい頃、わたしは特別、真田の歴史を聞かされたわけではありません。ただ、もう約60年前の話ですが、自衛隊の方が上田城跡を視察に来て勉強していったことは覚えています。なんで自衛隊がお城を見るんだろう？　そうか、負ける戦いはやってはいけないんだ、と幼心に思った記憶があります。

もっとも真田だけではなく、負ける戦いなどやってはいけません。われわれのような経営者もそうです。失敗すると分かって事業はしません。可能性が低くても、どこかに活路を見出して必死に戦う。その代り、不正はダメ。事業というのはお金だけを儲けようとして成功した人はいません。利益は後からついてくるもの。正義に反することはしてはいけませんし、お客様に正直に、従業員に正直に、お天道様に正直に今

までやってきたつもりです。

　真田幸村で知られる信繁の父・昌幸のすごさというのは、生き抜くために、要するに一族を守り真田の地を守るために、諦めないということです。普通の武将であれば、おそらくどこかで屈していてもおかしくありません。しかも、北条、上杉、徳川と、真田の周りを囲んでいるのは大大名ばかりです。

　真田家が本拠地としていた上田というのは、周囲を山で囲われた天然の要塞のような場所で、どこへ行くにも峠を越えなければならなかった。今でこそ雪も少なくなったけれど、大変に雪深いところだったでしょうから、敵が攻めるのも大変だったでしょうし、こっちから出ていくのも大変だったでしょう。そんなところを本拠地にするのだから、京都や中央に近いところを地盤としていた大名とは考え方や戦略が変わって当然です。そうでなければ、真田が生き延びることはできなかったと思います。

　余談ですが、今でこそ変わってきましたが、長野県民の考え方というのはそれぞれの地域で少し違うと言われます。

　長野県は大きく分けると、善光寺平（長野）、松本平、上田盆地、諏訪盆地、伊那谷、佐久平の６つに分かれています。例えば、長野の人たちは新幹線が開通したこと

2016年３月にオープンした『ホテルルートインGrand上田駅前』

もあって、比較的、東京の影響を受けていますし、一方で、伊那や飯田の人たちは名古屋の影響を受けています。長野には昔からそれぞれの盆地の人たちの気質を表す『松本スズメ、諏訪トンビ、上田カラス』という言葉があります。解釈のしかたは人それぞれであろうと思いますが、面白い喩だと思います。

真田の「義」に学ぶルートイン魂

当社は昨２０１５年（平成27年）に創業40周年を迎え、今では従業員約1万1千名超、売上高1千億円超のグループへ成長することができました。

当社のホテルの特徴は、その土地や地域

の文化を大事にした建物であるということ。例えば、今年3月にオープンした『ホテルルートイン Grand 上田駅前』は上田城にちなんで外観が白と黒の壁になっていますし、5月にオープンしたばかりの『ホテルルートイン伊勢』は、伊勢神宮へ参拝される方が多いだろうということで日本の木造文化を表現したつくりになっています。これも大きく言えば、臨機応変に時代の変化に対応した真田哲学を継承したものと言っていいかもしれません。

ただ、ここ数年業績がいいのはあり難いことですが、こんな状態は長く続きません。今までの経験上、いい時期があれば、次は悪い時期がやってきます。

この10年をみても、05年（平成17年）の耐震偽装問題を発端に建築基準法が改正され、２年弱の間、新規オープンがストップしました。それが終わったと思ったら、今度は08年のリーマンショック。11年には東日本大震災で53のホテルが地震・津波で大小の被害を受け、１２２名の従業員が被災し、１人が亡くなるという大きな悲しみにも遭遇しました。

これらすべてが経営上、大変大きな出来事でしたが、創業時を思い返せば、もっと会社は小さかったけれど、歯を食いしばって頑張ることができたんです。それに比べたら、いまはどんなに恵まれていることか。

そして、わたしにとって大きかったのは、従業員の絆を確認できたことです。当社の社是には『大切なものの為に働こう』というのがありますが、大切なものというのは主に個人の幸せだと思っていました。ところが、当社の従業員は単なる個人の幸せに限らず、お客様の幸せや地域社会の幸せを考えて、行動できるようになっていた。これはわたし自身大きく励まされました。これなら当社もやっていける、復活できると。

震災後、当社は岩手、宮城、福島の被災3県で合計10店舗の復興支援型ホテルを建設しました。もともと過疎化や少子高齢化が進んだ地方都市には大手が出店したがりません。それでも困っている人たちがいるなら、われわれがやろう。それこそが真田の「義」というものではないですか。今は地域に雇用と明るさを取り戻すんだ、という使命感で従業員も燃えています。

残念ながら、今年4月以降、熊本県から大分県にかけて断続的な地震が続きました。熊本周辺では6カ所のホテルが被災し、2つは一時営業停止になりました。一人の従業員が亡くなり、自宅が壊滅的な被害を受けた従業員もたくさんいます。阿蘇のホテルでは被災者の方に温泉を無料開放して利用していただいています。われわれにできることは少ないですが、困ったときには助け合いたい。

余談ですが、当社には震災のような有事の際には、会社からのお見舞いと合せて、従業員がお金を出し合って、被害にあった従業員に義援金を送っています。困ったときにはみんなで助け合おう。それがルートイン魂であり、わたしが大事にしている当社の社風です。

やはり、様々な苦難・困難を乗り越え、生き抜いてきたのが昌幸です。そのような歴史上の人物とわたしを一緒にできるはずはありませんが、わたしも昌幸公に倣って、七転びならぬ「七顚き八起」の精神で、こうした困難を乗り切りたいと考えています。

情報の有効活用に長けた昌幸

改めて、真田家の歴史を振り返って感心することは、諦めずに父子３人で助け合って生き延びたということと、最後は昌幸の動物的な勘。情報というのはどんなにあっても、それを効果的に使えなければ意味がない。手に入れた情報を有効に活用できたことが昌幸のすごさです。

そして信繁のような戦国武将ではないけれども、経営者にとって、事業とはまさに戦場です。最近わたしが73歳を過ぎて思うのは、戦場で死にたいと。病気や事故で死ぬのではなく、仕事の世界を全うして死にたいと思うのです。

わたしの夢は社会に貢献し、必要とされる企業を目指すことです。その意味では、まだまだ道半ばです。今回の熊本地震や、この先訪れるであろう苦難をみんなで一致団結して乗り越えていこうというのも一つですし、今後は海外進出という未知への挑戦が待っています。わたしにはいつも、「今日」が新たなスタートラインです。

当社はいまサイパンにホテルがありますが、現時点でベトナムに5店舗の出店計画があり、うち2店舗は本年度の開業を控えています。成功する裏付けなどないけれども、今までの自分の経験に基づく勘や未知への挑戦という、かつての昌幸ばりの気概を持って夢を実現したいと思っています。

上田商工会議所会頭（上田ガス社長）
柳澤　憲一郎（上田市出身）

「４００年前の真田家の選択と現在のエネルギー戦国時代」

戦後は工業都市として変遷・発展を遂げた上田市

２０１６年のＮＨＫ大河ドラマが真田信繁（幸村）の生涯を描いた『真田丸』に決まったことを、上田市民の一人として大変嬉しく思います。テレビの放送も18％前後と高視聴率が続いており、ＢＳ放送で視聴率が５％を超えるというのは、ＮＨＫの方の話ではとてつもない数字のようです。これから舞台はだんだん大阪に移っていきますが、兄の信之の関係で引き続き上田が出てくるという話を聞いておりますので、その意味では有り難く思っています。

地元・上田では正直、信繁が討死した慶長20年（１６１５年）から没後４００年にあたる昨年（２０１５年）の放送を望む声もありました。実際、大阪では昨年のうちに大々的なイベントも開催したようです。しかし、たまたまですが、今年は平成の大合併により誕生した上田市の合併10周年にあたり、また、上田商工会議所といたしましても創立１２０周年にあたる記念の年だということで、今年でも良かったかなと思います（笑）。

上田は信濃の国の最初の国府が置かれ、奈良時代には国分寺や国分尼寺が建立された場所です。平安末期には木曽義仲がここで兵を起こしました。鎌倉時代に入ると幕府の重臣・塩田北条氏が鎌倉文化を花咲かせました。塩田平というところには現在も安楽寺の国宝・八角三重塔をはじめ重要文化財の古刹・神社が多く、〝信州の鎌倉〟と言われています。戦国時代になると、ご存知の通りの真田昌幸の時代になって、上田城を築城します。その後、信之の真田家、仙石家、松平家と続いた江戸時代には、物資の集積する城下町として、また北国街道の宿場町として栄えました。

明治、大正時代に入ると、全国有数の蚕糸と蚕種の生産地になります。「蚕都《さんと》」などと呼ばれ、国立上田蚕糸専門学校（現・信州大学繊維学部）や郡立小県蚕業（現・上田東高校）が設立されていきました。明治20年代には長野県にあった金融機関の実に7割が上田にあったそうです。この頃の蚕種、養蚕、製糸業から金融業が発達し、商業の繁栄を経て、戦後は繊維産業からの転業組や戦時中の疎開組等により、長野県東部の中核的工業都市として変遷・発展を遂げてきたのが今の上田市です。

上田商工会議所は今年で創立120周年という話をしましたが、創立は明治29年（1896年）です。設立はその前年の明治28年で、全国の商工会議所の中で44番目。長野県では一番初めに設立されました。われわれは、こうした上田の産業経済を牽引する任務を担ってきました。地方創生が大きな政治的テーマとなる中、これからも上田の魅力や活力を掘り起こしていける会議所でありたいと考えております。

1月17日には、上田城址公園内に「信州上田真田丸大河ドラマ館」（２０１７年１月15日まで開館）が出来ました。年間50万人の来場者を見込んでいるのですが、５月24日時点で30万人を達成。毎週末になると1日5千人を超える方々がお越しになっているようで、目標の50万人を大きく超えることが予想されます。商工会議所では多くの観光客が上田にお越しになることを大きなチャンスととらえ、様々なパンフレットを作成したり、地元ならではの関連商品を販売する企業情報を発信したり、観光資源の掘り起こしに力を入れています。

ただ、まだ5カ月しか経っていませんが、課題も見えてきました。それは観光客の受け入れ態勢が不十分だということです。もともと上田市は本当の観光地というわけではありませんでしたから、大型バスが何台も止められるような駐車場や旅館、レストランが少ない。ですから、近くの別所温泉などとも連携して、今後は受け入れ態勢の更なる拡充を図りたいと考えております。

おそらくドラマではこれから幸村というか、信繁の活躍ぶりが描かれていくことでしょう。特に最後の大坂夏の陣で死を覚悟して飛び込んでいくというのは日本人好みで、やはり、判官びいきというのか、多くの方の共感を呼ぶと思います。特にあの家康を追いつめたのですから、その気迫たるや余程すさまじかったのだと思います。

そして、真田のすごいところは家族の絆が少しも崩れなかったところです。戦国時代というのは時として親兄弟で殺し合いをしなければならない状況もあったと思うのですが、真田父子は家族で全然喧嘩をしていない。真田はもともと小さい「国衆（政治的・軍事的に独立できず、どこかの戦国大名に従っている存在）」と呼ばれる地方豪族でした。それが家を残すために、兄・信之と弟・信繁、父・昌幸が袂を分かつ（犬伏の別れ）。そうした戦略が功を奏して、真田という名を残し、かつ現代まで家系がつながれていったのですから、ここは多くの視聴者が一番惹かれるところではないかと思います。

エネルギーの大競争時代を迎えて

こうした選択を可能にしたのは、真田の情報収集力です。最終的に経営者の判断というのは情報に基づくわけで、電話もインターネットもなかった時代にあって、織田や豊臣、徳川といった動きを察知した情報収集力はすごいの一言です。結果として昌幸父子は江戸時代の流れを読む力があったんでしょうね。情報収集力と先を読む力がなければ、犬伏の別れで親子が袂を分かつこともなかったでしょうし、大坂夏の陣で信繁が死を恐れずに突っ込んでいくこともなかったと思います。

本当に情報収集力というのは経営の根幹を左右します。

当社でも新入社員が入ってくると必ず言うことは、「ホウレンソウ（報告・連絡・相談）が大事だよ」ということです。本人にとっては「こんな小さなこと報告する価値があるのだろうか？」と思うことかもしれないけれど、それが経営にとって重要なことが沢山あるんですね。管理職にも若い社員が何でもいいから話をできるような雰囲気をつくっておくことが大事だということは、口を酸っぱくして言ってあります。特に今の変革期にあっては、情報が早いか遅いかによって、経営の判断スピードに大きく影響してきます。それくらい大事なことなのです。

余談ですが、わたしは会頭に就任した昨年（15年）4月から煙草を止めました。もちろん、家族は喜んでいるんですが、喫煙所で煙草を吸っている時の社員との他愛もない雑談の中に結構重要な経営のヒントが隠されていたりするんです。そうした何気ない情報交換が無くなってしまったのは、少々痛いかなと思っています（笑）。

個人的にはこうした真田の戦略に非常に考えさせられるところが多いです。

というのも、わたしの本業である都市ガスの世界というのは、今年の電力小売りの全面自由化に続き、17年4月から小売りの全面自由化を控えております。そこから5年後の22年4月からは大手都市ガス３社（東京ガス、東邦ガス、大阪ガス）に対し導管事業の分社化を義務付けることが決まっており、経済産業省は新規参入小売企業が導管を公平に使えるようにして競争を後押ししようとしている。つまり、エネルギーの大競争時代が来るわけです。

そういう状況ですから、われわれ地方の一ガス会社はどう生き抜くべきなのか。

当社（上田ガス）は上田市内の約３万軒のお客様にガスを提供しています。これが自由化されると、いまの電気の世界で起こっているように、顧客の取り合いが始まります。これまで大手電力会社は全国10社でしたが、ガスは大小２００超の会社がひしめく群雄割拠の世界です。ですから、ＬＮＧ（液化天然ガス）の輸入基地もない、自前の発電設備も受け入れ設備もない企業にとっては、どこか大きい会社と手を組んでガスや電気を供給していかなければなりません。

そこで面白いのが真田の生き方です。真田は武田、織田、豊臣と次々に主君を替えていきました。上杉、北条、織田、徳川とあれだけ大きな国に挟まれていたから、誰かの勝ち馬に乗って家を存続させせなければならなかったわけですね。現在のエネルギー業界はまさにそんな構図です。ガス大手3社をはじめ、電力・石油など大手エネルギー企業、いわゆる大大名がいくつかあって、その下に国衆と呼ばれた小さな会社があっちについたり、こっちについたり、どこにつくべきか悩んでいる。だから、昌幸親子が頭を悩ませたのと、似たような状況が訪れているのです。これはわれわれにとって、本当に悩むところです。

また、真田は領民との関係も非常に良好だったと言います。それは徳川の大群を領民とともに二度も退けたことにも表れています。これは企業とお客様の関係に近い。自由化でいろいろな新規参入業者が入ってくると思いますが、最後はお客様との信頼関係。ここは断固として守らねばならないところです。そういう意味で、真田の生き方を見ていると、わたしも他人事とは思えません。「400年の時を経て、歴史が繰り返す」何だか不思議な縁のようにも感じます。

東京海上日動火災保険社長
北沢利文（長野市出身）

「真田昌幸の教育や領民を信頼することの大切さから学ぶことは多い」

真田家の家紋「六文銭」に見る悲壮な覚悟

長野に生まれた者として、今年のＮＨＫ大河ドラマが真田家を題材にしていただいたことを大変嬉しく思っております。

テレビを見ていて改めて思うのは、真田信繁（幸村）の父・昌幸は相当な戦略家だということ。上杉、北条、徳川という大大名に周囲を囲まれて、国衆にすぎなかった真田が最後まで生き残ったというのは本当に大変だっただろうと思います。

もちろん、生き残っていかなければ真田の領民がみんなダメになってしまうわけですから、昌幸も逃げることはできませんよね。昌幸や初代松代藩主だった息子の信之（信幸）は、領民のことをよく考え、軍事だけでなく、経済政策にも力を入れたと言います。昌幸は甲斐国の武田家の近習として仕えましたが、ここで武田の戦略や人使いの仕方を学んだようです。やはり、教育に力を入れ、人を信頼したことで、領民たちもついてきてくれたのでしょうね。こうした教育や人を信頼することの大切さは、現代のわれわれも忘れてはならないことです。

真田家の家紋は「六文銭」で、死をもいとわない決意で戦に望んでいることを示していたと言います。いつ殺されるか分からないのが戦国時代ですから、毎日が相当な緊張の連続だったのだろうと思います。

わたしは長野市の北西、鬼無里《きなさ》村というところで生まれました。現在は長野市鬼無里になっていて、新幹線の長野駅から25キロほど山道を登って行ったところにあります。戸隠や白馬などのスキー場に囲まれた場所です。

今でもそうですが、真田家が活躍した当時というのは、もっと雪深いところだったでしょうし、もっと貧しい場所だったと思います。そういう状況下、あの中で生き残ってこれた昌幸はやはり大変な武将だと思います。

全然話は変わりますが、わたしは今、千葉の自宅近くで家庭菜園をやっております。夏は24〜25種類くらい、冬でも10種類くらいは栽培していて、大根やカブなど、ほとんどの種類の野菜はチャレンジしました。家での役割分担は家内が収穫係で、わたしは栽培係。ですが、わたしも最近は忙しさにかまけて、ついつい疎かになっている……。我が家の農園は存亡の危機に立たされているのです（笑）。

畑作業のいいところは、種を撒き、苗が育ち、最初はひ弱に見えた苗でもきちんと肥料や水を与えることで、大きく育ち、豊かな実りを与えてくれることです。これはある意味、人を育てるのも同じで、最初は頼りなかった新入社員でも経験や活躍の場を与えることで、どんどん成長していく。そういう姿を見ると嬉しくなります。

これはある意味、真田の生き方にも通じる話です。どんなに厳しい状況でも決して諦めず、難局を生き抜いていく。我が家の家庭菜園も決して諦めずに育てていこうと思います（笑）。

真田父子犬伏密談図（上田市立博物館所蔵）

『犬伏の別れ』

関ヶ原の決戦を直前に控えた慶長5年（1600年）7月。真田昌幸は東軍の徳川家康方につくのか、西軍の石田三成方につくのか、決断を迫られる。

下野《しもつけ》国の犬伏宿（現在の栃木県佐野市）に陣を敷いていた真田父子は、石田三成方からの勧誘の書状を受け、東西両軍のどちらにつくか協議。結局、昌幸と信繁は西軍につき、信之は東軍につくことに。

豊臣秀吉のもとに出仕していた信繁は石田三成に近い大谷吉継の娘と結婚、信之は家康の重臣である本多忠勝の娘と結婚しており、父子兄弟が袂を分かつことになる。昌幸が一家で両軍に分かれていれば結果がどうであれ、家は続くと考えての決断だった。

「日本一の兵」と言われた真田信繁。
大坂の陣で徳川家康をあと一歩まで追いつめた（写真はNHKの提供）

第7章

なぜ真田丸を大河ドラマに選んだのか？

答える人

NHK大河ドラマ『真田丸』制作統括

屋敷陽太郎

大河ドラマ史上稀に見る反応の多さ！

大河ドラマというのは、いつもリーダーのあり方を提示してきました。ところが、真田信繁（幸村）は最後の一瞬、大坂の陣で華々しく散っていった印象が強く残りますが、それまでの約48年はほとんどトップに立ったことがありません。どこかの大名になったこともないですし、真田家の当主でもない。だから、信繁はいつも父・昌幸や兄・信之に続く、2番手、3番手の存在でした。そういう人が最後の集大成で、最後の一瞬で光輝いたわけですね。

ドラマの作り手として考えた時、リーダーの描き方にはいつも苦労しますが、最初から完成されたリーダーでは視聴者の皆さんの共感が得られにくいと思うんです。若い時から死ぬまで完璧だったら、何も学べるところがありませんから。やはり、皆が共感できるリーダーというのは、教育を受けていく過程においてリーダーの素質がだんだん出来上がり、自分で磨きをかけながら、なおかつ先輩や上司のことを学びながら育っていく人だろうと。

そう考えたら、まさに信繁はそれをずっと実践し続けて、自分が必要とされる何か

屋敷　陽太郎氏

の瞬間のためにずっと準備をしてきた人だと思うんですね。だからこそ、わたしたちはその姿を描いてみたいと思いました。

おかげさまで昨今の武将ブームやお城ブームに乗って、視聴率もなかなか好調です。これは上田に限ったことではないと思いますが、全国で戦国武将やお城が人気になっているというのは、もう一度日本人の中に歴史に学ぼうという意識が強くなっているような気がするんです。やはり、自分たちの生まれた町や祖先を思うと同時に、自分たちがどうして今この町で生きているんだろうと考えたら、どうしても歴史を見返すことにつながってくると思うのです。

また、最近はインターネットがあります

から、放送後に反応が来るのではなく、放送中にツイッターなどでどんどん反応があります。インスタグラムでもフォロワーが非常に多くて、大河ドラマ史上稀に見る反応の多さです。

いい意味でも、悪い意味でも、ドラマというのは無くても生きていけるものです。食べ物や水や電気は暮らしになくてはならないものですが、ドラマはそんな存在ではありません。しかし、だからこそ皆さんの生活のちょっとした生きる楽しみになってくれたら嬉しいし、人生にちょっとした潤いを与えられるような存在として、皆さんに貢献できるとしたら光栄ですね。

生き残りに必死だった領民の姿にもスポットをあてて

今回、わたしもドラマ化するにあたっていろいろなことを調べました。すると、真田家の凄さに驚かされることばかりでした。

まず偉いなと思うのは昌幸です。犬伏の別れという有名な場面がありますが、要するに、どちらかについていけば、最低限片方は家が残るんだと。当時は命よりも家が大事だったといいますが、家というのは名前を残すことだけでなく、領民を守るということでもあるんです。昌幸の決断は最終的に家であり、家臣であり、領民を守るための手段だったのであろうと。

また、信之も昌幸・信繁親子と袂を分かつんですが、西軍についた昌幸と信繁が関ヶ原の戦いで負けて、高野山の麓にある九度山で蟄居生活を送るわけです。その間、信之は直接ではないですけど、家臣たちを通じて高野山に焼酎を送ったり、手紙を送ったりして、親兄弟のことをいろいろ支援している。そして、信之は倹約家でものすごい財産を残したと言います。そういうことが分かってきて、わたし自身非常に勉強になりました。

特にわたしが驚いたのは、言葉が正しいのか分かりませんけど、当時の人質戦略です。豊臣秀吉が徳川家康に上洛してほしいものだから、自分のお母さんを人質に出すのは有名な話です。ところが、そんなことは当の昔に真田家でも行われていた。ドラマを見ていただいた皆さんからこれはフィクションだろうと思われているようなことも多いんですが、木村佳乃さん演じる信繁の姉・松が武田家滅亡後、織田信長に仕えることを決めた昌幸から人質として安土へ行くように命じられたり、草笛光子さん演じる信繁の祖母・とりは、滝川一益や木曽義昌の人質になったりするのも、実は本当の話です。ですから、真田家を残すために皆がすごく必死だったのだと思います。昌幸は秀吉から「表裏《ひょうり》比興《ひきょう》の者」と呼ばれたそうですが、これは強者の論理です。逆の立場で考えたら、中小・零細企業にとって大企業のどこを信じていけばいいのか。その前にあるのは、まずは自分たちの会社が生き残っていかなくてはならない。自分たちを守ってくれる人につくのは当然の選択であって、卑怯だとか裏切り者だというのは強者の論理なのです。歴史学者の方々の話を聞くと、真田のように北条、上杉、徳川と3つの大名に周囲を囲まれているというのは全国的にも珍しいそうです。その絶妙なバランスの上での駆け引きですから、非常に面白いですね。

わたしが学者先生と話していてとても興味深かったのは、わたしが子供の頃、思い描いていた戦国のイメージというのは、大名たちは皆天下を統一するために戦争をし、目的を達成するためには地元の百姓や農民をも巻き込んで戦うものだと。でも、これは現代人の思い込みに過ぎないというんです。むしろ、先生方に言わせると逆であると。領民たちが土地の境界線や漁業の権利を争って、自分たちで解決できない時に国衆（大名の家来でその領地に土着している有力武士）に訴える。そこで解決できないと戦争になると。だから、領民たちは決して力のない弱い存在ではなくて、それはそれでたくましいと。そうした国衆に最前線で向き合っているのが真田家をはじめとする国衆なんだと教えていただきました。だから、そうした生き残るために必死だった領民たちのシーンも結構ドラマには織り込んだつもりです。

三谷幸喜さんや堺雅人さんを大河ドラマに起用した理由

脚本家・三谷幸喜さんをはじめとする今回のわれわれのチームは２００４年の大河ドラマ『新選組！』以来、12年ぶりのチャレンジになります。三谷さんは非常に物事を多面的に捉えるのが上手でして、『新選組！』の時も非常に楽しく盛り上がって作品をつくった記憶があったので、またご一緒したいなと思っていました。

第一話の放映後、「三谷さんらしく喜劇的でしたね」と言われたことがありましたが、別に三谷さんもわれわれも、あえて視聴者の方々を笑わせようとは思っていません。例えば、第一話に昌幸が「武田が滅びることはないから安心しろ」と言っておいて、つぎのシーンで信之と信繁を呼びつけて「ダメかもしれない」と言ったシーンがありました。でも、これは笑わせるとかではなく、人間とても真面目に何かに取り組んでいる時に、第三者から見たらとても滑稽なシーンがありますよね。そういうことだと思うんです。

わたしも役者やスタッフを入れて500〜600人くらいのチームで撮影をするわけですが、皆の前では威勢のいいことを言って「頑張ろう」と鼓舞するわけですよ。でも、中心メンバーで何人か集まった時には「このままだと赤字になるからまずいな。馬の数を減らそうか」とか言うわけです。でも、これは両方とも真剣に考えた上での行動であって、笑わせようとしているのではないんです。結果的に第三者から見たら滑稽に映るかもしれませんが、おそらく三谷さんが狙っているのは、こういうことだと思います。

今回のメンバーも相当豪華な方々に集まっていただきました。

主役の堺雅人さんは、大河ドラマとしては『新選組!』と、08年の『篤姫』に続いて3回目の出演となります。端正で知的、そしてすごい柔軟な発想を持たれた方で、現場でも脚本家や監督、共演者や視聴者の期待にどうやって応えていこうか真剣に考えている方です。武田家の滅亡後、信繁は上杉家の人質となり、今度は秀吉の大坂で人質になる。そこで彼は今でいう秀吉の秘書官になるわけです。堺さんも何かのインタビューで答えていましたけど、田舎の会社の息子が都会の大企業に出向して、その経営の中枢を見せてもらっている感じだと。本当に信繁はそんな感じの人だったと思うんですね。

だから、「なんで堺さんだったんですか？」と聞かれることも多いんですけど、すごく有能なビジネスマンを演じていただける人は誰かと考えたら、真っ先に頭に浮かんできたのが堺さんでした。戦国武将には筋骨隆々でマッチョなイメージが多いかもしれませんが、実務型の秘書官というイメージに堺さんはぴったりだと思います。

また、個人的に勝手にはまり役だと思っているのが、内野聖陽さん演じる家康です。内野さんは本当に真面目な方で、周りを笑わせようなんて思っていないんですけど、真面目に演技をすればするほど喜劇的に見えてくる。例えば、家康には真田家の策略を見破る鋭い洞察力があると同時に、ものすごく臆病で小心者の部分がある。現時点でドラマに出てくる家康は頼りない人物に映っていると思いますが、これが最後はどう変わっていくのか。こうご期待ですね。

天下を取る人ですから、おそらく相当家康という人はすごい人なんだろうなと思うんです。また、信繁を有名にしてくれたのが家康だったと思うのですが、大坂の陣で自分が本当に天下を取った時に、自分を最も苦しめたのは真田だったとやっと認めることができたと思うんですね。信繁が亡くなってからはおそらく憎しみのようなものはなくて、ある種の尊敬の念のようなものも芽生えてきたと思うんですよ。だから、その辺の家康の懐の深さというんですかね。そういう部分もこれから描いていきたいと思っています。

全国各地の眠れる資産を掘り起こしたい！

今回、黒田基樹さん（駿河台大学法学部教授）、平山優さん（山梨県立中央高校教諭）、丸島和洋さん（国文学研究資料館特任助教）という3人の先生に時代考証をお願いしました。これまで戦国時代というのは、基本的に関西と中部の話が多くて、あとは中国や九州の一部にスポットライトが当たっていました。だから、真田を中心とする関東は分かったような、分からないような感じでぼんやりとしていたんですね。ちょうどそうした部分を細かく調べてくれたのが今回の3人の先生で、われわれとしても非常にいい出会いであったと思います。

わたしが思うのは、大河ドラマというのは日本全国それぞれの土地にある歴史の掘り起こしなんです。わたしも富山の出身だから余計に思うんですが、田舎の魅力というのは自然や食べ物以外に何があるかと言ったら、やはり歴史や文化です。こうしたものは新しく作るものではなくて、過去にあったことをどのように掘り起こすか、どういう視点で掘り返すかなんですよ。

だから、今回もドラマ化するにあたって、真田の新しい資料が発見されたわけではありません。ですが、昌幸や信之、信繁だけではなく、今一度お姉さんの視点で考えようとか、お母さんの視点で考えようと、進めていくと結構面白いものが出来上がってくるんです。『篤姫』の時だって、鹿児島の人ですら篤姫なんて、ほとんどの人が知りませんでしたからね。

おそらく、まだまだ全国各地に自分たちが気付かなかった面白い歴史がいくらでもあると思います。大河ドラマというのは、そうした各地の財産を掘り起こし、骨太の時代考証をベースにして時にフィクションも交えながら、視聴者に観てもらいやすくしていくものだと思うんです。だから、今後もそうした各地の眠れる資産を掘り起こしていきたいと思いますし、『真田丸』も見てよかった、面白いねと言ってもらえるように今後の展開を考えていきたいと思います。

『上田城』

上田城は天正13年（1585年）、真田昌幸によって一応の完成をみたとされる。真田軍が2度も徳川の大軍を撃退した舞台として、長くその名を知られることになった。

最初の合戦は同年。徳川勢7千人余、対する真田勢は2千人弱だったが、真田の巧妙な戦術により徳川軍は思わぬ大敗を喫する。徳川軍の死者は1300人超、真田軍の死者はわずか40人余だったという。

2度目の合戦は慶長5年（1600年）。関ヶ原の戦いに際して、上田城に押し寄せた徳川勢は約3万8千人の大軍。昌幸・信繁父子率いる真田は約2500人だったが、ここでも徳川軍は敗北。徳川秀忠はこの合戦で時間を浪費し、関ヶ原の決戦に遅れるという大失態を演じることになった。

第8章

特別座談会

真田家14代当主　真田幸俊
×
AOKIホールディングス会長　青木擴憲
×
老荘思想研究家　田口佳史

司会・『財界』主幹　村田博文

どちらに転んでも家が残るようにと考えて……

――まず真田さんは真田家の14代ご当主にあたるわけですが、今回のNHK大河ドラマ『真田丸』は、高視聴率と伺っています。改めて真田家がドラマになった感想を聞かせてください。

真田　正直嬉しいですね。地元の上田や松代をはじめ、沼田（群馬）、九度山（和歌山）に大阪と、いろいろなところの方々が大河ドラマになることを待ち望んでいました。ついにドラマになったということで皆さん大喜びですし、わたしも嬉しいです。ドラマは毎週見ていますが、脚本家の三谷幸喜さんも真田家の当主・真田昌幸、いわゆる信之（信幸）と信繁（幸村）の父について相当お調べになったようです。いろいろな小説などを読んでいると、昌幸はスーパースターのように的確な判断を下しているというイメージがあったのですが、そうではない。三谷さんは様々な局面、局面で悩みながら進んでいる昌幸像を描かれていて、わたしも実際はそれに近かったのではないかと思いながら見ているところです。

――実際のリーダーは多くの悩みや葛藤を抱えながら、一つひとつ自分の信じた

座談会の様子

道を進んでいくわけですからね。

真田　ええ。真田家はもともと信州の豪族で、はじめは甲斐の武田信玄に仕えていました。

それが武田家が滅亡した後、織田や豊臣と主君を替え、関ヶ原の戦いでは父・昌幸と次男の信繁が西軍（石田勢）、長男の信之は東軍（徳川勢）につき、親兄弟が敵と味方に分かれて戦いました。これはどちらに転んでも家が残るように、と考えてのことだったんですね。

やはり、当時は国衆（政治的・軍事的に独立できず、どこかの戦国大名に従っている存在）ですから、真田は上杉、北条、織田、徳川とあれだけ大きな国に挟まれて、自力で領地を守るほどの力はないと分かっていた。国衆の中でも意見の統一が難しいところを、何とかまとめていくというのは、一種の中小企業の経営にも通じる部分があると思うんですね。

――意見がみんな違う中で、束ねる難しさですね。

真田　やはり、判断も一つ間違えば終わりですから。まさにドラマでも出てきますが、国衆はもめるんです。でも、そこを何とかまとめて、あたかも自分が外側に対して絶対的な力を持っているように見せなくてはならないというのも、まさに一種の経営戦略だと思うんです。

おそらく昌幸は子供たちに相談せずに判断を下していったと思うんです。だから、子供たちは父の行動が予測できなくて困惑の連続だったと思うんですよ。おそらく現在の企業経営者というのも、いろいろな判断を下して、部下を食べさせていかなくてはならない。非常につらい立場、ある意味で孤独な立場にあると思うんです。

その意味では、いまも人間の心理というのは、本質的にあまり当時と変わっていないのではないか、と思います。

企業経営に大事な継続性！

――真田の生き方は企業経営に通じるという話ですが、青木さんは19歳で紳士服の外商からスタートして、一代で紳士服チェーンを築き上げてきました。長野がご出身で、文字通り、真田の土地に生まれたわけですが、青木さんにとっての真田は自分の人格形成上、どのような影響がありましたか。

青木　わたしの生まれた場所は長野市篠ノ井というところで、武田軍と上杉軍が激しくぶつかり合った川中島合戦のど真ん中ですから、子供の頃からその話を聞いて育ちました。武田信玄とはどんな人物だったのか、上杉謙信とはどんな人物だったのか、いろいろな思いを巡らせたものです。

そして、『真田太平記』を読んで、猿飛佐助や真田紐というものを知り、子供心に面白いなあと思っていました。我が故郷の偉人である真田昌幸と二人の息子、信之と信繁がＮＨＫ大河ドラマの主人公になることに、わたしも嬉しく思うと同時に、同郷のよしみで誇りを感じます。

いま真田さんから話がありましたが、小さな信濃の国ですから、列強に挟まれてどうやって真田家を継続させるのか。昌幸は非常に悩んだと思います。

真田家を継続させるために、長男を徳川家に、次男を豊臣家につけて、何があっても真田の血筋を継続させようと戦略を立てた。次男が何かした時には誰を謝罪に行かせれば効果的なのか、そこまで考えていたようですから、昌幸は大変な戦略家だったと言えますね。

――これはどうですか。経営者にも戦略が非常に大事になってくるんですが、ご自身で参考になる点というのは。

青木　経営は継続性がポイントです。当社もファッションでスタートしましたが、企業としての継続性を考えた時にファッションだけでは今後どうなるのか分からない。そこで、結婚式場をつくったり、カラオケや複合カフェのようなエンターテイメント分野に進出したり、いまは3つの分野で事業を展開しています。

3つの業態を持っていれば、どこがどういう状況になっても補え、継続性が維持できるというポートフォリオ経営です。これは、どちらが天下をとっても真田家は継続できると考えた昌幸の考え方から学んだことでもあります。

――いわゆる3つの事業を手掛けることで、リスクヘッジになるという考え方ですね。

青木　はい。もう一つは絆です。テレビでも出てきますが、家族との絆や臣下の方々との絆、そして社会との絆というものを非常に大事にしている。企業が継続するには、こうした社会との絆が大事ですから、絆を大事にする経営というのも真田家から学んだと言えますね。

保険の掛け方と大局観！

――企業は何のためにあるのか、誰のためにあるのかという根本的な問いにもつながる話ですね。田口さんは40年以上にわたって中国の古典思想を研究してきましたが、歴史的に、この真田の生き様というものをどのように捉えていますか。

田口　戦国の武将の生き様を考えていった時に、やはり一番大きいのは誰につくかということです。

例えば、徳川家康は家臣との絆の深い大名として知られていますが、祖父・清康と父・広忠は、共に家臣の謀反によって殺害されました。どうしてそうなったのかというと、もともと徳川は織田と今川の狭間に生きてきた弱小企業だったわけです。したがって、自分の身内も悲惨な状態にあったと。これは大体、全国的に中小の藩が負う宿命でありました。

ですから、言ってみれば、弱小企業であればあるほど、誰につくか、どこにつくかというのは大事なことであり、保険の掛け方と言ったらいいいんですかね。この保険の掛け方が生きる上で大事なことでした。

——誰につくかという保険の掛け方が大事であると。

田口　そして、保険を掛ける上では大局観がないといけません。何手先を読むかということが重要で、行く先々まで戦局を見ると。そうやって考えると、戦国武将の最大の特徴は、大局観をもって、要するに、Aが倒れたらBという代案を常に用意している。リスクヘッジの権化みたいな部分がありました。

いまの日本を見てください。中国はダメ、ヨーロッパもダメ、そしてアメリカもダメという国際情勢になった時に、日本は何か別の代案を持っているのでしょうか。やはりAがこけたらBというリスクヘッジの精神は、われわれも真田のような戦国武将から大いに学ばなくてはいけない、と思います。

——やはり歴史から学ぶことはあるわけですね。

田口　そうなんです。真田ばかりではなく、伊勢・津藩の初代藩主、藤堂高虎も薄氷を踏むような人生を歩みました。

簡単にいうと、最初は織田信長に仕え、豊臣秀吉にうまく取り入って秀吉に仕えた。徳川家康から見れば敵です。ところが、秀吉の死後は家康のほうにいつの間にかすっと取り入って、家康から東京・上野の土地を拝領するくらいの信頼感を得た。最初は敵に回りながらもきちんとリスクヘッジをして、いつかこの人が天下を取ったときには、いつでも変われるようにと。

すべてきちんとヘッジをしてあるというところが、藤堂高虎の最大のポイントです。これはもう、したたかというのを通り越して、絶対に死なない。不死身ですね。これはいまの生き方にも参考になります。戦国武将にはこうした戦略家が数多くいたというのが面白いですね。

来るべき日に備えて兵法書に学んだ信繁

――よく「真田家は家名と武名を両方残した」という言い方をされますね。真田家をつないだということで信之は立派だったと思うんですが、一方で、戦場で華々しく散っていった信繁の方が人気はありますね。これは散ったがゆえに名を残したということになりますか。

真田　確かに兄・信之が家名を守り、弟・信繁が武名を轟かせた印象があります。

信繁は多くの日本人が好むように、非業の死を遂げた華やかな侍のイメージがあって、そこが人気の理由だと思うんです。しかし、わたしは自分の祖先ということもあって、家を守り抜いたリアリストの信之にとても共感を覚えるんです。

信之もかなりしたたかで、昌幸のような動きはしませんでしたが、江戸になってからは家康の時代だということで、しっかりと家康に仕えていました。ところがその一方で、石田三成からの書状をずっと隠し持っていた。実は真田家には江戸時代を通じて「絶対に開けてはならない」と言われた黒塗りの箱があって、明治になるまで開けられることはありませんでした。

―― それが石田三成からの手紙であったと。

真田　ええ。中に入っていたのは石田三成からの手紙で、関ヶ原の戦いに向けて西軍（石田郡）に味方せよというものです。真田家は東軍の徳川に忠誠を誓っていたのですから、こんなものをもっていたらけしからんわけですよ。それなのに、その手紙をひそかに持ち続けていたのは、いつ何時、世の中がひっくり返るか分からないと踏んでいたからだと思います。

これもある種のリスクヘッジですよね。もちろん、生き残るためには徳川幕府についていかなくてはならないのだけれども、だからといって徳川だってどうなるか分からない。だから、気を緩めてはならないんだということを常に考えていたのだと思います。

――強国に挟まれた小さな信濃という場所柄もあって、いろいろなことを考えていたんでしょうね。これは企業もそうですし、一人の人間としても、いろいろな組織の狭間の中で自分の立ち位置をどう考えていくか、ということにつながりますね。

田口　わたしはやはり、なぜ真田信繁（幸村）が人気があるのかと言われれば、『真田太平記』のおかげだと思います。基本的に日本人には判官びいきのところがあって、彼は大坂方を一人で受け持って、一人で戦ったんです。

本当に危ういところで、家康の首を取るところまで彼は行った。あれはあっぱれ、たいしたものだと。たとえ一人であろうとも立ち向かって勝つんだという気概や生き様を見せたんですよ。わたしは平和ボケしてしまった昨今の日本国民に、今こそ、彼の生き様を見習ってほしいと思うんです。

――本当ですね。しかし、そうした信繁の気概はもちろんですが、どこで彼らはそこまで用意周到な戦略を習得することができたのか。

田口　関ヶ原の戦いに敗れた昌幸・信繁親子は高野山（和歌山）に幽閉されます。そこで信繁が何をやったかというと、徹底的に兵法を学んだんです。

信繁は来るべき日に備えて兵法書を読み、武術の訓練を積みました。彼の戦法が書物などで細かく残っていますが、孫子、呉子、六韜《りくとう》、三略……、こうしたものは全部習得したのではないでしょうか。それらを頭に入れて、こういう場合はこうしようと疑似演習を高野山で毎日繰り返していたのだと思います。

戦国武将は孫子の兵法などをよく読み、自分たちで真剣に戦略を考えていたと言います。人間の心をいかにつかむか。つかむだけではなくて、その時々の陣形のあり方や不利な点があった時にどう対応していくのか。不利なことを有利に変えていくのが戦略ですから、日々刻々変わる現代社会にも通ずるところは多いと思います。

初めから無だと思えば怖いものはない

――流通業界も特に時代の変化対応が問われる業界ですが、青木さんもこれまでの話を聞いて真田の生き様から何を思いますか。
青木　わたしは先ほど継続性と絆の経営という話をさせてもらいましたが、真田から学んだ3つ目は死んだ気になって生き残る、ということです。

真田家の家紋は「六文銭」ですが、これは三途の川の渡し賃（旅人がいつ死んでもいいように衣服の裾に六文銭を縫い付けた）からきているもので、これは般若心経の精神に通じます。人は何があっても、生まれた時には何も持っていなかった。そう思えば、たとえ失敗したとしても次に挽回すればいいさ、と思えるようになるんです。

――創業時はつらい時期があったと聞いていますが、その精神で自分を奮い立たせたんですか。

青木　ええ。わたしも借金ばかりの生活からスタートして、何とか今日、従業員が1万人以上いるグループ会社まで来ることができました。時にはバブル崩壊やリーマンショックのような状況もありましたが、わたしはいつも死んだと思えば何ということはない。初めから無だと思えば怖いものはないという覚悟を決めています。これは六文銭の考えから来ています。

――いい話ですね。たとえ苦しい境遇に置かれたとしても、努力し続けていれば必ずいいことがあると。

青木　いや、必ずではないところが人生の難しいところなんですが（笑）。でも、辛くても努力しなければいいことがあるはずもありません。大事なことは前向きに頑張ることです。わたしは子供の頃から六文銭の話や般若心経の話を何となく聞かされて育ってきました。それが今になって思えば、真田の生き方そのものであり、われわれの経営や経営理念にも生かされています。

生に対する執念が強かった松代藩初代当主・信之

――いかに戦局を読み、いかに動いていくかということに尽きるんですが、改めて、真田家が江戸の混乱期を生き抜いてきた理由は何だと考えますか。

真田　やはり一言でいえば、執念ということなんだと思います。真田昌幸の長男・信之は93歳まで生きたといいます。いまの時代でも長生きですが、当時の寿命はおそらく50～60歳くらいだったと思いますので、やはり生に対する執念が強かったのであろうと。そうでなければ、そこまで長生きすることはできなかったと思います。

先ほどもお話ししましたが、非業の死を遂げた信繁の方が人気はあるのかもしれません。父の昌幸や弟の信繁に比べれば兄の信之は目立たないかもしれませんが、いまの松代藩の初代当主として藩の基礎をつくってきました。

その後、信之の次男・信政が家督を継いだのですが、信政の死後、信政の子供たちと長男・信吉の子供たちとの間で家督を巡ってお家騒動になりかけたことがありました。だから信之は隠居できなかったんですね。

――信之は信政の息子である幸道に家督を継がせたいと思っていたんですね。

真田　はい。ですから、信之はその旨を記した血判状を幕府に送って嘆願したんです。当時90歳を超えていた信之の血判状は幕府の重臣たちの心に響いたようで、結局、幸道が当主となりました。それを見届けて安心したのか、信之は93歳で亡くなりました。

信之が早死にしていたら、真田家の運命はまた違ったものになっていたと思います。他の多くの大名が取り潰されていく中で、真田家が幕末までしぶとく生きながらえたのは、やはり信之の功績が大きいですね。

――そうした連綿と続く真田の家を真田さんは守っているわけですね。今は大学で研究者、教育者としての道を歩んでおられるわけですが、自身は日々の生活の中でそうした真田家の血を受け継いでいると認識することはありますか。

真田　それはあるでしょうね。一つのことを追求しようというか、粘り強くというのは研究者の基本ですからね。

また、信繁の方も決して華やかな人生を送り続けたわけではなくて、紀州・高野山で15年間も蟄居生活を命ぜられるわけです。もちろん、生きる気力が無くなったらそこでお終いですが、信繁はいつかさっと一戦があるだろう、そうなった時にどうするかと考えて、父の昌幸から戦術を教わったり、国内外の兵法を学んだりして、有事に備えていたと思うんです。ですから、したたかというか、すごい執念のある家系だったのだと思いますね。

幕末の思想家・佐久間象山

――信繁は蟄居を命じられ15年もの間、高野山で暮らしていても、決して無駄にはしなかったということですね。徳川が天下をとった後、最後の政権固めとして豊臣方への攻勢を強めていくわけですが、信繁は徳川に対抗する陣立てづくりのフロントランナーになるわけですね。では、この戦略はどうやってつくっていったのか。
田口　わたしも孫子に関する本を3冊書いていますが、日々刻々変わる状況に対応していくには戦略がないといけないわけです。5年前の東日本大震災の時に「想定外」という言葉がクローズアップされましたけど、想定外の連続が現実の世界ですから、想定外が起こった時のことを考えていかに訓練しておくか。有事は平時の備えにありと。これが大事なんですね。

この精神が、松代藩の８代目藩主・幸貫《ゆきつら》が登用した佐久間象山（幕末の思想家）に流れています。松代藩の中級武士の家に生まれた佐久間象山は江戸期きっての軍略家で、勝海舟、吉田松陰、坂本龍馬、橋本左内、河井継之助など、多くの門下生が集いました。

――全国の志士が集まってくるわけですね。

田口　ええ。彼の人材育成の最たるものはどこにあるかというと、全てがオープンだということです。それは彼が33歳の時からオランダ語を学んだと。33歳というのは、先ほどお話があったように人生50年の時代の33歳ですから、相当晩年です。そういう時期に製鉄のあり方から鉄砲の作り方、そして江川太郎左衛門のところへ行って西洋技術を学ぶんです。

ところが、大砲技術を一から勉強しなければならないと考えて、江川太郎左衛門のところに行くんだけれど、江川太郎左衛門もその当時はあまり大した人物ではなかったので、「それはおまえにはまだ早い」とか言って、あまり教えてくれなかった。でも実際は自分が教えてあげられるほどのものを、まだ江川自身知らなかったんですね。それで、佐久間象山は先生を替える。高島秋帆《しゅうはん》のもとで徹底的に砲学を学び、黒川良安《まさやす》のもとではオランダ語と漢学の交換教授を行ってもらい、毎日オランダ語で生活を続けたのです。

その意味では、佐久間象山は最先端の技術を習得した人だったんです。そして象山は柔らかい感性によって、イマジネーションをどんどん膨らませていったんですね。

―― 何事も貪欲に学ぶという姿勢がいいですね。

田口　はい。佐久間象山は何に目覚めたかというと、アヘン戦争（イギリスによるインド産アヘンの中国への輸出が原因となって起きた戦争）に目覚めた。みんなペリーが来てから大騒ぎするんだけれども、ペリーが来たのは１８５３年です。アヘン戦争は１８４０年で、13年の差がある。つまり、ペリーがやってくる13年前に相当な危機感を彼は持っていた。

―― アヘン戦争は、高杉晋作も見に行って、中国のようになったらダメだと。リーダーがそういう危機感を持っていましたね。

田口　日本で同じことが起こったらどうなるのか。そうならないように何とかせねばと立ち上がったのが当時のインテリ層ですよね。それが志ある大人というものであって、今の政治家にもそうした危機感が欲しいです。

象山神社の昼寝が人生を変えた

――佐久間象山には青木さんも創業期に影響を受けたと聞いています。青木さんの企業経営に佐久間象山がどう影響したのですか。

青木　田口さんがおっしゃったように、真田家の８代目・幸貫が今でいうスポンサーとなって、佐久間象山が出てきました。松代藩の藩主自らが中級武士の家に生まれた佐久間象山を支援するというのはなぜなのか。それが面白いですよね。

長野市松代町に象山神社がありますが、創業間もない頃、わたしは松代役場や農協などへ背広を外商に行く生活を続けていました。ある日、背広を売りに行ったあと、お昼ご飯を食べて昼寝をする場所を探して、近くの公園に立ち寄りました。

――それが象山神社だったと（笑）。

青木　はい。宮司の方も大物ばかりで、誰が寝ていてもどうぞごゆっくりという感じで、わたしも本当にゆっくり休ませてもらいました（笑）。
わたしが昼寝をして起きてまわりを見渡すと、何事か書いてある。それで佐久間象山という人はこんなに偉い人だったのかと知って驚きました。それから本を読み、さらに象山のことを詳しく知ると、故郷にはこんな立派な人がいたのだな、と改めて思いました。やはり、郷土の偉人ですから、自分も大人になったら、影響力のある人になりたいと思いましたね。

――どんなところが立派だと思いましたか。

青木　佐久間象山は、世界の中での日本をどうしなければいけないかを考え続けた人だと思います。今日の日本につながる日本の発展には当然、長い歴史があります。明治維新、第一次・第二次世界大戦、高度成長とバブル崩壊、そして今日の国がある。では、これから日本はどうなるのか。おそらく高度成長はしないまでも、誰か志のある人が出てきて、日本を救い、継続性を維持していくと思うんです。でも、そこには必ず佐久間象山と共通した思想があるはずだと。自分の育った街を憂い、国を憂い、将来に思いをはせる。そうした〝公〟の精神がわたしは好きですね。

――ＡＯＫＩホールディングスには、「ＡＯＫＩ財団」というのがありますね。

こうした思いは佐久間象山とも無縁ではありませんね。

青木　ええ。当社の経営理念の一つに「公共性の追求」というのがあって、ビジネス以外でも世の中のためになる生き方を追求することをうたっています。そこで財団をつくって、中学生を対象に奨学金を出したり、様々な学習の機会を設けたりしています。その他にも佐久間象山の存在を発掘し、育て上げた幸貫のように、世界から尊敬される日本を創り上げられるリーダーを出現させたいと考え、行動しています。

真田節に励まされた若かりし頃の青木さん

――幸貫が佐久間象山を見出したように、真田の人材登用には独特のものがあったんですね。

真田　わたしがすごいなと思うのは、佐久間象山は決して身分は高くはないですが、それでも有能であると見抜く。佐久間象山は個性の強い人で、必ずしも周りと折り合いがつくような人ではなかった。だからこそこういう時代には必要なんだ、と見抜いていたというところが幸貫のすごいところです。

幸貫は「寛政の改革」で有名な白川藩主・松平定信の次男です。徳川の血筋を引いていて、幸貫は7代目・幸専《ゆきたか》の養子になったわけです。

田口　当時の松平定信公といったら将軍に代わるべき総理大臣です。彼の最大のポイントは、どこにあるかというと、天下泰平の世をつくる。全国を安定させるために、誰がどこにいるのかを全部書き出して、定信公は江戸の各藩の平和的、繁栄的存続を司ったわけです。そういう人ですから、自分の息子をどこに入れるか考えた時に変なところに入れませんよね。

――それだけ松平定信は真田を重く見ていた証拠でもあるのですか。

田口　そうだったんでしょうね。寛政の改革など、当時は何度も大改革を行っているんですが、それでも日本がよくならなかった。簡単にいうと幕末まで財政破綻のような状態だったわけで、どこの藩でも羽振りのいい藩はないです。

真田　付け足しますと、幸貫の2代前にあたる6代目・幸弘の頃も松代藩は財政的に苦しかったといいます。それを幸弘は家老・恩田木工民親《おんだもくたみちか》を勝手掛に抜擢し、藩政の改革・財政の建て直しを図りました。

幸貫の時代に文武《ぶんぶ》学校の建築を始め、江戸から人を呼んで藩士の教育をしているんですが、やはり改革と言いつつ、すぐには良くならない。時間をかけて良くしていいる。そういう歴史もあるんですね。

田口　恩田木工も家老ですが、家老の中では筆頭ではない。それを勝手掛に抜擢する。それもいろいろあったみたいですね。

――企業の人事もそうですが、誰かを抜擢すれば、嫉妬もされるし、足も引っ張られる……。

真田　人材登用には、必ずそういう話がありますね。企業はもちろん、基本的にわれわれのような研究室でも同じだと思います。つまり、特定の学生に対して入れ込んでしまうと周囲とのバランスがとれませんし、誰に対しても公平なスタンスで接しなければならないと思うんですね。変な肩入れがあると学生もそれを見ているわけですから、きちんとしたルールを持っておくべきですね。

青木　真田の継続性の精神と同じくらい飛び抜けて優れているのは、優秀な人を抜擢するということです。会社でもこの人物が有能だから引っ張りたいと考えても、他の部署との調和を取るのはとても大変ですし、気に食わないと思ったら周りは悪い意味で足を引っ張ったりするのが人間の性《さが》ですから。そこら辺の按排が大事になってきます。

真田　だからこそ人事をやるときは、徹底的に説明して納得させせないといけませんよね。

リスクヘッジの最大のポイントは「義」

――組織の継続性ということでいえば、青木さんは人を教育する上でどんなことに留意していますか。

青木　少し話は変わるんですが、松代に伝わる「真田節」というのがあって、三番に「人ならば　人ならば　永久に光と語り継ぐ　象山佐久間」という歌詞があって、「仰ぐ不滅の至誠こそ　燃える真田の心意気」と出てくるんです。これが格好良くてね（笑）。創業時、会社がいつどうなるか分からないなんていう頃は、わたし自身すごく励まされた曲なんです。当社の社歌はこれを少し変えてつくったんですから。

――ちなみにどんな歌ですか。

青木　お恥ずかしいのですが、例えば、一番は「人の間に、人の間に　深ききずなを結びつつ　誠実奉仕の旗じるし　誓う心の同志こそ　燃えるアオキの心いき　おおさアオキの心いき」です。これが当社の教育の原点です。

当社の経営理念というのは、「顧客満足×営業利益×社会貢献」の最大化ということになるんですが、この理念を追求するためのものが戦略ですね。戦国武将も勝たなければなりませんが、ビジネスも成功しなければお客様にご満足いただけるサービスを提供できない。だからこそ、経営者は学ぶんです。

それは過去の歴史から学ぶということもあるでしょうし、現在のビジネスから学ぶこともあるでしょうし、そうしたことを踏まえたうえで将来どうするという戦略が立てられる。だから、わたしは学びほど大切なものは無いと思っていて、わたしの座右の銘は一生学習、一生挑戦、一生謙虚。これを忘れないようにしています。

――人は一生勉強ですね。これは教育がいかに大事かということにもつながってきますし、組織を束ねる上で大事な指摘ですね。

田口　わたしは数多くの経営者を指導していますが、成功している会社はみな社員教育を徹底している。中でも創業社長は自活の精神、いわゆる自分たちで生きていこうという考えが強いから、そんじょそこらのサラリーマン経営者と違ってバイタリティに溢れています。

また総じていえば、日本人経営者よりも中国人経営者の方が論語なんかでも貪欲に学ぶし、質問もどんどん出てくる。中国は日本の10倍の人口がいるわけですから、生存競争もすごいですよね。米ハーバード大学でも中国人だらけで、日本人は本当にいません。真田の時代の武将のように、もっと日本人の経営者は学ぶべきです。

――真田の精神よ、今一度ですね。

田口　その通りです。そして、真田の生き様で一番大きいことは誰につくかと考えた時に徹底的にリスクヘッジをしたわけですよ。そのリスクヘッジの最大のポイントは「義」です。要するに、義が通らないと誰も相手にしてくれないわけです。

――信繁が人質となった上杉は「義」を大切にすることでも有名です。大河ドラマでも信繁と上杉景勝との会話で、景勝が「上杉家は『義』のある戦いしかしない」と語っているシーンがありましたね。

田口　そうです。中国古典を紐解けば、義はどういう意味かというと「犠牲」から来た言葉です。つまり、犠も牲も生贄ですから、生贄とは何かというと己の命を差し出すから全部を助けてくれという意味なんです。

そこに義があるということは、私情や私欲が全然ない。あったら義にならない。その覚悟がある人を義人などというんです。それがあった上で、しかしながら命を長らえなければならないわけですから、その時にリスクヘッジをすると。よって根底にきちんと義を立てて生きている人に対して、大方の人は彼は殺してはならないと考えて、助けてあげるんですよ。

最後まで「義」に生きた真田親子

――あの幕末期、幕府から追われた僧月照を助けることができず、僧月照と共に身を投げた西郷南洲（西郷隆盛）は結果的に命が助かります。その後、二回の島流しにあい、生命の危機にさらされますが最後は助かり、維新の主役になっていくわけです。いわば、西郷南洲の命は天によって助けられた。

田口　彼は命もいらず、名誉もいらず、官位もいらず、金もいらず、道義国家の確立を目指したわけですね。

わたしのイメージでは、横井小楠と佐久間象山が構想係で大久保利通と伊藤博文が実戦部隊、真ん中に西郷南洲がいたのが明治だと思うんです。ところが、構想係が二人とも惨殺されてしまったために、明治の日本は構想力が欠けていた。仕方が無いから岩倉使節団を送って諸外国を見て真似しようと思ったんだけれども、「和魂洋才」

ではなく、「洋魂洋才」になってしまった。つまり、本来あるべき日本の精神を失ったために後の敗戦にもつながっていった。

21世紀、これからの時代というのは東洋と西洋の知の融合が大事だと思いますが、こうした精神を失ってはならないと思いますね。

――日本の基本軸をしっかり持つということですね。これは非常に重要な指摘です。

真田　ええ。義という話でいけば、昌幸はご存知の通りの戦略家でしたが、子供たち二人に共通していたのは基本的に「義」に生きるということです。

大坂冬の陣が終わって、真田丸で痛い目にあった徳川軍は信濃一国を譲る代わりに、信繁に豊臣軍ではなく徳川方につかないかと言ってきました。ところが、信繁はこれを拒否して最後まで豊臣についた。兄の信之も父や弟を敵に回して徳川についた。信繁が豊臣から信頼を得たのが「義」であれば、信之が徳川から信頼を得たのも「義」です。それがなければ真田家はここまで続くことはなかったと思います。

その意味では、やはり家を守るという基本軸を持って、最後まで義に生きたのが昌幸と信之、信繁親子ではなかったかと思うんです。この二つは今後も色あせることなく、大切にすべき精神ではないかと思いますね。

西暦	年号	日本の動き	世界の動き
1513年	永正10年	真田幸綱（幸隆）が誕生	
1519年	永正16年		マゼラン船隊、世界一周に向け出発
1533年	天文2年		インカ帝国、滅亡
1543年	天文12年		コペルニクス、「地動説」を唱える
1547年	天文16年	真田昌幸が誕生。幸綱、この頃に武田信玄に臣従	
1566年	永禄9年	真田信之（信幸）が誕生	
1567年	永禄10年	真田信繁（幸村）が誕生	
1573年	天正元年	信玄が死去	
1574年	天正2年	幸綱が死去	
1575年	天正3年	長篠の合戦にて武田軍は織田・徳川軍に大敗。昌幸が真田の家督を継ぐ	
1580年	天正8年	昌幸、沼田城を攻略する	スペイン、ポルトガルを併合
1581年	天正9年		オランダ独立宣言
1582年	天正10年	武田勝頼が天目山にて自害し、武田家が滅亡。昌幸は織田信長に臣従する。本能寺の変で信長が倒れると、昌幸は北条、徳川と帰属先を変転	
1585年	天正13年	昌幸、上杉景勝に帰属。信繁が人質として上杉に送られる。昌幸、第一次上田合戦にて徳川軍に勝利。秀吉、関白に	
1586年	天正14年	信繁、豊臣秀吉への人質として大坂に送られる	

１５８７年	天正15年	昌幸、上洛して秀吉に従う。その後、秀吉の命を受け、徳川配下となる	
１５８９年	天正17年	昌幸、秀吉の裁定により沼田城を北条氏に明け渡すも、北条氏は協定を破って名胡桃城を占拠。秀吉は激怒し、小田原征伐の発端となる。	
１５９０年	天正18年	真田父子が小田原征伐に参戦。北条家は滅亡、沼田領を安堵される	
１５９８年	慶長3年	秀吉が死去	
１６００年	慶長5年	昌幸、信之、信繁、会津の上杉征伐に参陣。途中、下野犬伏にて昌幸と信繁は石田方に、信之は徳川方につくことを決める（犬伏の別れ）。昌幸は第二次上田合戦にて徳川秀忠軍の足止めに成功。しかし、関ヶ原の戦いで石田三成率いる西軍が敗れたため、信繁とともに高野山に配流。信之は上田領を引き継ぐ。	イギリス、東インド会社を設立
１６０３年	慶長8年	家康、征夷大将軍に	
１６０９年	慶長14年		ガリレイ、天体望遠鏡を発明
１６１１年	慶長16年	昌幸、九度山にて死去	
１６１４年	慶長19年	信繁、豊臣秀頼の誘いに応じて大坂城に入る。大坂冬の陣で真田丸を築いて戦い、徳川軍を撃破	
１６１５年	元和元年	大坂夏の陣。信繁は家康の本陣を襲うが、及ばず討ち死	
１６１６年	元和2年	家康、死去	
１６２２年	元和8年	信之、上田から松代に転封	
１６５８年	万治元年	信之、死去	

参考文献

『秀吉と真田　抄録版』　上田市立博物館
『展示概説図録　―史・資料で見る上田の歴史―』　上田市立博物館
『2016年NHK大河ドラマ「真田丸」完全ガイドブック』　東京ニュース通信社
『真田三代と真田丸のすべて』　小和田哲男監修　小学館
『大坂の陣』　二木謙一著　中公新書
『江戸三〇〇藩　物語藩史　北陸・甲信越篇』　山本博文監修　洋泉社
『真田流　弱者が賢者になる術』　ぴあ
『真田三代　幸綱・昌幸・信繁の史実に迫る』　平山優著　PHP新書
『真田四代と信繁』　丸島和洋著　平凡社新書
『名将　真田幸村』　童門冬二著　成美文庫
『真田太平記読本』　池波正太郎ほか　新潮文庫
『真田幸村　真田十勇士』　柴田錬三郎著　文春文庫
この他、多くのwebサイト、書籍を参考にしています

経済リーダーが真田の戦略から学んだもの
なぜ今、真田精神か？

2016年6月27日　第1版第1刷発行

著　者　『財界』編集部
発行者　村田博文
発行所　株式会社財界研究所
［住所］〒100-0014　東京都千代田区永田町2-14-3
東急不動産赤坂ビル11階
［電話］03-3581-6771
［ファックス］03-3581-6777
［URL］http://www.zaikai.jp/

印刷・製本　凸版印刷株式会社

ISBN 978-4-87932-116-9
定価はカバーに印刷してあります。